Practicals for Psychology
A student workbook

ワークブック
心理学

カーラ・フラナガン........〈著〉
明田芳久・荻野美佐子・道又 爾........〈訳〉

新曜社

Cara Flanagan

PRACTICALS FOR PSYCHOLOGY

A Student Workbook

Copyright © 1998 by Cara Flanagan
All rights reserved. First published 1998 by Routledge
11 New Fetter Lane, London EC4P 4EE
Simultaneously published in the USA and Canada by Routledge
29 West 35th Street, New York, NY 10001

Japanese translation published by arrangement with
Routledge Limited through The English Agency (Japan) Ltd.

はじめに

　本書が生まれるきっかけは，教師の指示は必要最小限にして，学生の皆さんが自分自身で実習課題を選び計画できるような課題を準備したいという願いでした。

　大学によっては，受講生の多さや時間的制約に対処するために，コンピュータプログラムやハンドブックが開発されています。一方，大教室で短い講義を行い，その後でいくつかの先行研究の方法の詳細や概要を話し，学生たちに追試させるということも行われてきました。本書ではこの後者のアプローチを採用します。皆さんにお手本や基礎となる例を示せるからです。このようなやり方は，料理の実習になぞらえることができるでしょう。まず最初はレシピーに慎重に従い，徐々に自分自身の味付けや工夫を加えていきます。

　本書には，重要な研究，キースタディの要約がいくつか実例として収録されています。それらによって，原著論文にあたらなくても，研究の計画のしかたや報告のしかたを詳しく知ることができます。本書に含まれるワークは，自分自身の研究の出発点として用いることもできますし，方法論的問題や倫理的問題に関する議論の材料として用いることもできます。さらにレポートの書き方の手本にもなるでしょう。

　「レシピー」を書く際に大切な問題は，バランスをうまくとることです。皆さんは，自分の研究デザインの手助けとなるような情報やよい実習の要点を示している情報を，はっきりとした具体的な形で必要としているでしょう。しかし同時に，個々人で工夫できるように余地が残されていることも大事です。本書では，皆さんが自分の研究に対処できるよう十分な手引きを提供するとともに，それぞれの工夫の余地をできるだけ残せるよう試みました。言われたとおりにやらなくてはいけないという法はないのです。時間の許す限りパイロットスタディを行うことを強く勧めます。また，できるだけ簡潔な研究から始めることも勧めます――あまりに上をねらいすぎるのはさけましょう。

　巻末に，研究デザインの手助けとなる質問紙や刺激語のリスト，最終レポートの書き方についての節が収録されています。用語集は，多くのよい辞書があるので，ついていません。スペースの制約から，研究法や統計学についての節も入っていませんが，統計学についての簡単な手引きと適切な参考書のリスト

が付録としてつけられています。

　収録されている研究のなかには古いものもありますが，基礎的な概念を扱っていたり，簡潔な研究デザインの適切な例となっているので，本書に含めました。最近の研究からは，新しい方法や心理学の研究に対するアプローチの変化を知ることができます。

　教師や学生の皆さんからのコメントを歓迎します。それらによって本書がいっそう役に立つよう改善されることでしょう。皆さんが心理学を楽しみ，よき成果をあげられるよう願っています。

カーラ・フラナガン

目　次

はじめに　　　　　　　　　　　　　　　　　　　　　　　　　i
本書を活用するために　　　　　　　　　　　　　　　　　　　ii

ワーク 1　青年期におけるスロットマシンへの嗜癖　　　　　　1
ワーク 2　大脳半球の優位性と美的選好　　　　　　　　　　　11
ワーク 3　サッカーの知識と記憶　　　　　　　　　　　　　　19
ワーク 4　犯罪の目撃者は容疑者を見分けられるか　　　　　　27
ワーク 5　記憶の干渉と手がかりによる想起　　　　　　　　　36
ワーク 6　文法の規則を学ぶ　　　　　　　　　　　　　　　　46
ワーク 7　知覚の構え　　　　　　　　　　　　　　　　　　　55
ワーク 8　子どもの本に描かれたジェンダー　　　　　　　　　64
ワーク 9　親の養育スタイルと自尊心　　　　　　　　　　　　73
　　　　　親の権威に関する質問紙　　　　　　　　　　　　　82
　　　　　自尊心の質問紙Ⅰ　　　　　　　　　　　　　　　　85
　　　　　自尊心の質問紙Ⅱ　　　　　　　　　　　　　　　　88
ワーク10　2つの道徳的志向性　　　　　　　　　　　　　　　89
ワーク11　出生順位，家族の大きさとIQ　　　　　　　　　　100
ワーク12　選挙のコマーシャル　　　　　　　　　　　　　　109
ワーク13　単純存在と社会的促進　　　　　　　　　　　　　118
ワーク14　天候・気分と援助行動　　　　　　　　　　　　　126
ワーク15　身体的魅力の効果　　　　　　　　　　　　　　　134
ワーク16　防衛的帰属　　　　　　　　　　　　　　　　　　143
ワーク17　態度と古典的条件づけ　　　　　　　　　　　　　152
　　　　　CS - US 語対のリスト　　　　　　　　　　　　　160
ワーク18　製品パーソナリティ　　　　　　　　　　　　　　161
ワーク19　ESP──「ヒツジ‐ヤギ効果」　　　　　　　　　　168
　　　　　超常現象への信念測度　　　　　　　　　　　　　177
ワーク20　人間の観察者に対する黒クマの反応　　　　　　　179

レポートの書き方	190
レポートのチェックリスト	193
学生のレポート見本	196
付録I　単語リスト	204
単語頻度表（ソーンダイク‐ロージ単語リストによる）	205
反対語リスト	207
好感度の高い単語と低い単語	207
使用頻度の高い単語と低い単語	208
キャッテルの16のパーソナリティ因子	209
付録II　統計の技法	210
1．パラメトリック検定とノンパラメトリック検定	210
2．2つの標本の間の差の検定	210
3．2つ以上の標本間の差の検定（分散分析）	211
4．相関の検定	212
訳者あとがき	215
索　引	217

装幀＝柳川貴代

本書を活用するために

> **注 意**
>
> 違法コピーは固く禁じられている。本書に記載されている内容は実習のために使用してよいが，自分なりの表現に書き直すこと。あるいは，そのまま使用する場合には本書が出典であることを明記すること。

これから実習していく各ワークは，以下の節によって構成されている。

研究の概要
そのワークで取り上げるキースタディの結果の要約と，その研究を追試するのに必要なこと，関連する重要な問題点について述べる。

イントロダクション
短い導入部で，雑誌論文の書き出しの部分（「問題」）に対応する。後の節へと進むための場面設定を行う。学習者は教科書等によりさらに必要な知識について理解を深めておくことが強く望まれる。

キースタディ
取り上げる研究の目的，問題／仮説の要約。

方　法
参加者，研究デザイン，手続きと得点化の詳細。

結　果

キースタディで使用された図表と検定法，報告された有意性。自分自身の結果をどのように提示すべきか（提示すべきでないか）を考える材料となる。

分散分析（ANOVA）について：学部生の読者の便宜のために入れたが，今の段階で必ずしも必要性を感じない読者も恐れることはない。付録IIに説明がある。

考　察

結論とその他の注意すべき点。

考えてみよう

取り上げた研究の研究デザインや結果の長所・短所を考えるのに役立つ問いのリスト。これらの問題について議論することで，自分自身の研究デザインをよりよいものにできる。本節の末尾に掲げた一般的な問いのリストもまたそのために使える。

引用文献

各ワークで引用されている論文のリスト。自分の大学の図書館になくても，相互協力関係を結んでいる他大学の図書館からコピーを入手できるだろう。

推薦文献

さらに読むべき論文。

文献検索のためのキーワード

教科書の索引，PsycLitのようなCD-ROM（多くの大学の図書館で利用できる），インターネット検索等でさらに情報を探すときに用いるキーワード。

やってみよう――研究案

自分自身の研究の出発点を提供することがねらいである。そのまま正確に従ってもよいし，自分の考えに合わせて変更してもよい。

一般的な問題と考慮点

それぞれのワークの後には，そのワークの内容に関連した問いのリスト，「考えてみよう」がある。以下に，すべてのワーク項目に関連して考えるべき一般

的な問いのリストをあげておく。

1．その研究にとって適切な仮説を書く。
2．（実験的方法を用いるときは）独立変数と従属変数(訳注1)は何か。
3．剰余変数(訳注2)は何か。
4．何を統制すべきか。
5．どのようなサンプリング法を用いるか。
6．集めるデータの母集団は何か。
7．使用する研究計画の種類をどう簡潔に記述するか。
8．どのような統計法（記述統計と推測統計）を用いるべきか，あるいは用いることができるか。
9．研究の内的妥当性(訳注3)についての評価。
10．「生態学的妥当性」(訳注4)はどの程度あるといえるか。
11．結果をどのように現実場面に適応できるか。
12．研究者が対応すべき倫理的問題は（もしあるとするなら）何か。
13．他に倫理的問題はないか。
14．分散分析に関心のある人へ——独立変数を2つ以上に拡張できるか。

訳注
1 実験的研究の目的は複数の変数間の因果関係を明らかにすることにあるが，そこで原因と考えられる変数を独立変数（independent variables），結果と考えられる変数を従属変数（dependent variables）という。実験のなかでは独立変数を操作し，それに伴う従属変数の変動を測定することによって，両変数間の因果関係を検討する。
2 独立変数以外に従属変数に影響を及ぼしうる変数を剰余変数（extraneous variables）という。
3 独立変数と従属変数間の因果関係を明らかにしようとする実験的研究において，結果として観察された従属変数の変動が，意図しない剰余変数ではなく，その研究でねらった独立変数の影響のみによって引き起こされているとき，内的妥当性（internal validity）が高いという。これに対して，研究結果が当該の実験場面に限られずに他に一般化できるとき，外的妥当性（external validity）が高いという。
4 研究全体の現実場面との関連性に関する概念で，独立変数の操作のしかたが日常的な現実の場面に類似しているときほど，生態学的妥当性（ecological validity）が高いという。

ワーク 1

青年期におけるスロットマシンへの嗜癖

研究の概要

この研究は，「フルーツマシン」嗜癖についてのケーススタディである。フルーツマシンというのはスロットマシン・ゲームの一種で，同じ果物の絵がそろうとお金や景品が出る。この研究は，一人の十代の少年が異常なまでにギャンブル行動にのめり込み，その後回復したプロセスについての経年的記録である。研究結果はこれまでの研究とよく一致しており，さらに今後の研究のための重要な指針を与えるものとなっている。この研究を追試するには倫理的な問題があるので，それほど「異常ではない」行動の研究に変更する必要があるだろう。ここでの学習のポイントは，「質的研究の重要性」である。

イントロダクション

　嗜癖とは，特定の化学物質や活動に「依存」がおきることである。多くの麻薬は，生理学的な依存と同時に心理学的依存も引き起こす。生理学的な依存の特徴は，「耐性」が成立することと，中止するのが非常に難しいことである。耐性とは，身体がどんどん化学物質に慣れて，同じ効果を得るためにより多くの分量が必要になることである。中止すると，欲しくてたまらず暴れたり，不安になったり，幻覚を見たりなどの激しい身体症状（禁断症状）がおきる。

　心理学的な依存をやめようとするときにも生理学的依存とほぼ同様の状態になる。さらに，心理学的な依存は「自己強化的」な特徴がある。すなわち，依存する薬や活動は快感をもたらし，禁断症状は不快感をもたらすので，ますま

す依存が持続しやすくなるのである。また，嗜癖者は嗜癖対象を中心として社会生活を形成しており，これも中止することをさらに難しくする。

嗜癖は，DSM-Ⅳ（『精神障害の診断と統計マニュアル』第4版，アメリカ精神医学会）による異常行動の分類に含まれている。嗜癖に関しては「薬物関連障害」の項と「衝動制御の障害」の項があり，病的ギャンブルは後者に含まれている。フルーツマシンは，賭けのスピードや掛け率の高さから，潜在的な嗜癖性をもつと考えられる（Griffiths, 1997）。フルーツマシン嗜癖のその他の原因としては，どこにでもあって簡単にできること，すぐに報酬が得られること，主観的な確率についての錯覚があること（勝つ確率を過大評価し，負ける確率を過小評価しがちなこと）などがあげられる。

ある調査によると，若者の65％はギャンブルの経験があり，10％から20％は少なくとも週に1回はやっているという。DSMの診断基準に従えば，1％から6％程度が病的ギャンブル状態と診断される（Griffiths, 1993a）。

キースタディ——グリフィス「青年期のフルーツマシン嗜癖」

グリフィス（Griffiths, 1993a）は，青年期のフルーツマシン・ギャンブルに関するこれまでの研究は，ほとんどがこのギャンブルの発生率や人口統計にかかわるもので，彼らの動機づけや主観等々に関する数量的分析（たとえばLesieur & Klein, 1987）であったと指摘した。グリフィスは，一人の人間を詳細に研究することによって，この問題をより深く理解することが可能だと考えたのである。

方　法

参加者

デビッド（18歳）とその母親。母親はギャンブル行動に関する郵送法調査（Griffiths, 1993b）に回答したことがきっかけで，マーク・グリフィスと知り合った。

研究デザインと手続き

ほとんどのデータが母親とデビッドの個別面接から得られた。2人一緒に行

った面接もいくつかあった。データの大部分は回想である。

この研究は個人的な報告に基づくものであるから、「結果の部分は伝統的な意味での学術的なものからは程遠い」。

結　果

デビッドには妹が一人いて、海辺の町で生まれ育った。14歳になるまでは、母親のことばによれば「快活な少年で、学校の勉強がよくできてスポーツも得意で、……自慢の息子でした」。しかしその後の4年間で彼は「不幸で内向的で反抗的な息子」になった。

問題の発端

デビッドの通う水泳クラブと学校から両親に報告があり、彼は遅刻が多く、何にも関心がないようにみえる、ということであった。この段階では両親は「青年期のよくある問題」と考えていたものの、彼が毎晩のように外出するのを心配していた。母親はあまり出歩かないようにと懇願したが、「何の効果もありませんでした。相変わらず夜は出かけてしまい、親に対する尊敬を完全に失ってしまったようでした」。両親は最初は麻薬をやっているのではないかと疑ったが、ある夜、母親がこっそりデビッドを尾行したところ、彼がゲームセンターに入っていくのを目撃した。彼はただ「無害な楽しみ」に夢中になっているだけのように思えた。

次に、母親と妹が家のお金がなくなるのに気づいた。デビッドは自分は関係ないと言い張った。この時点で家族は、彼がギャンブルにのめり込んでいるのではないかと疑い始めた。

デビッドの話

デビッドが初めてフルーツマシンをやったのは、休みの日に家族と遊びに行ったときだった。水泳クラブやアルバイトをしているレストランにもマシンがあった。

いつのまにかしないではいられなくなっていることに気がついたが、別に深刻なこととは考えなかった。どうやってお金を得るかだけが心配で、そのために誰かを傷つけるかもしれないことには頓着しなかった。レストランのバイトで週に60ポンドもらっていたが、あっという間にマシンに使ってしまった。

一時期、バイクを買うために頑張って100ポンド貯めたことがあった。しかし

その後何度か家族げんかがあったせいで，またギャンブルに夢中になった。バイクを売って得た400ポンドを1日で使ってしまった。

家族の悩み

両親とけんかをすればするほどデビッドは心理的にも身体的にも閉じこもり，ギャンブルにのめり込んだ。それがまたけんかの種になった。悪循環だった。両親は，盗みをやめさせるために彼に金を与えたほうがいいのか，あるいは家から追い出したほうがいいのか，と思い悩んだ。

なぜデビッドはギャンブルを続けたのか

「やると，いつもハイというかラリったというか，そんな感じになった。……最初は金儲けがしたくてやったけれど，だんだんゲームの光や音や興奮そのものが大事になった。」

「自分がいくらお金を使っているかは心配したこともなかった。実際，自分の心がどうなっていたのかぜんぜんわからない。覚えているのは，頭の中が真っ白だったこと。」彼は「4年近くの間トランス状態だった」。

「また金を全部使ってしまったことにいつもすごく狼狽して，負けを取り戻そうとしてまたやった……［だけど］勝って金を取り戻せるとは思っていなかった。……やめようかと考えるのは，閉店時間になってゲームセンターから出るときだけで，もうこないぞ，と［誓う］。」

「落ち込んだときや（実際の話，いつも落ち込んでいたんだけど）人に拒絶されていると感じたとき，マシンをやりたいという衝動はもっと強くなった。人生でちょっと努力が必要なとき，ギャンブルでそれに対抗する必要があった。」たとえば，一時期彼は毎朝新聞配達をしていたが，そのストレスに対処するためにいつもその後でゲームセンターに駆け込まなくてはならなかった。

最初デビッドは友人にゲームの技術を見せびらかすのが楽しかったが，しだいに一人でゲームをするようになり，彼の技術は手持ちの金でできるだけ長い間遊ぶためだけのものになった。

母親はデビッドの嗜癖状態をこう言っている。「彼は朝ゲームセンターの扉が開くのさえ待ちきれなくなりました。いらいらして扉をたたいていました。……ゲームセンターに行かなくてはならない，ということ以外に何にも集中できませんでした。」性格も変わった。彼は逃避的で内向的ですぐ言い争うようになった。外見も変わった。洗濯をしなくなり，臭いの染みついたままの服で学校へ行くようになった。

回 復

　母親は，デビッドが使った金額の異常さと問題の深刻さとをついに認識するにいたり，意を決して彼と対決した。彼はすべてを告白した。「それは暗いトンネルの終りで光を見いだすための，最初の大きなステップでした。」

　母親は「断賭会」と連絡をとり，デビッドによれば「それはすばらしかった。……自分の気持ちを正しく理解してくれる人と話ができた。」つまりデビッドは，自分に問題があるということを認識できたということだ。「マシンをやる代わりに人と話すことができて，……［そのおかげで］やめることができたんだ。特別な方法などなかった。まったくの意志の力と，ギャンブルをやめたいんだという事実を皆と共有することだったんだ。」彼はヨガもやり始めて，ギャンブルに引き寄せられそうになったときに気分をリラックスさせることを学び，フルーツマシンから離れることに成功した。

　母親は，彼が完全に治ったとは考えていない。「何かの人生の危機がきっかけで，また嗜癖に戻るかもしれません。」デビッドはきわめて前向きになったが，回りの人に与えた被害と学校の勉強を犠牲にしてしまったことをつらく感じている。「ぼくは残りの人生をこの心の傷とともに生きなくてはならないんだ。」

まとめ

　ここで記録された行動パターンは，嗜癖の古典的な特徴のすべてを示している。

- 突出性：一日中ギャンブルをやっている。やっていないときにはギャンブルのことだけを考えている。
- 耐性：ギャンブルにつぎ込む時間と金がどんどん増大する。
- 追跡：負けを取り戻そうとまたやる。
- 多幸感と不快感：ハイになってはまた落ち込むことを繰り返す。
- 禁断症状：ギャンブルから引き離されることに強い苦痛を感じる。
- 再発：しばらくやめた後にまたギャンブル漬けになる。

デビッドの回復も，嗜癖克服のための古典的技術によっている。

- 母親と話すこと。
- 他の嗜癖者と気持ちを共有し，サポートを受けること。
- ストレスに対処するためのリラクセーションによって再発を防ぐこと。

・行動的自己モニタリング：マシンから離れるようにすること。
・個人的な動機づけをもつこと。

考 察

　ひとつのケーススタディから一般化を行うのは危険であるが，ここで収集されたデータはいくつかの重要な問題に光を当てている。それらは数量的研究では見過ごされたかもしれないものである。

　一般に，ギャンブル行動の発現と持続は社会学的要因と心理学的要因で説明できる。このケーススタディにおける社会学的要因は，ギャンブル機械がどこにもあって簡単にできるという環境である。心理学的要因としては以下のことがあげられる。まずギャンブルを始めた動機は，お金をもうけること，技術を見せびらかすこと，楽しむことなどであった。一方，ギャンブルをずっとやりつづけるよう動機づけたのは完全に逃避的な性質のもので，抑うつ，混乱，拒絶などの感情によって形成された。第一義的な動因であったはずの金銭は，目的ではなく手段になっていった。この他に生物学的要因として，脳内の「快楽中枢」（Olds & Milner, 1954）の関与の可能性がある。

　この研究のひとつの鍵となるテーマは，家族内のコミュニケーションとサポートの不在である。デビッドは，家族のなかに誰も相談相手がおらず，ギャンブルは家族内の緊張に対処する方法だと感じていた。最終的に母親が彼と真正面から対決したとき，彼は問題と取り組み始めたのである。「断賭会」の会合に一度参加しただけでデビッドには新しい展望が開けたが，これは断賭会のような自助グループにおける脱会率の高さを説明するひとつの要因かもしれない（つまり一度の参加でも効果があるため，すぐ脱会する率が高い）。この研究はまた，再発防止には心身のリラクセーション技術が重要であることも示している。

　質的研究の重要性は，今後どのようなことを研究するべきかを示すという点にある。この研究ではたとえば，ギャンブルに先立つ抑うつ状態が重要な役割を果たすことが示された。このような研究はまた，セラピストがクライエントとよりよい関係をもつための有益な洞察を与えることができるだろう。

考えてみよう

1．この研究の目的は何だろうか。
2．質的研究と数量的研究の違いを示しなさい。

3. このケース・スタディのまとめを読んで，その方法論の特に有用な点は何だと感じたか。
4. 発言の一部を「 」で引用することは，その人が実際に考えていることをどの程度正確に反映すると考えられるか。それには研究者のもつバイアスの影響があるだろうか。
5. この研究におけるデータの多くは回想に基づいている。その事実は結果にどう影響していると考えられるか。
6. このような研究においては，回想的データの信頼性の低さをどうしたら統制できるだろうか。
7. グリフィスが「結果の部分は伝統的な意味での学術的なものからは程遠い」と述べているのはどういう意味だろうか。
8. この研究によって，自分が病的ギャンブルについてどのような洞察を得たか述べなさい。
9. ギャンブル嗜癖の理解には，こうしたタイプの研究のほうが調査タイプの研究よりも貢献すると思うか。
10. この研究では，最後には嗜癖が克服されて「ハッピーエンド」になっている。では，まだ持続している嗜癖について研究する場合，研究のアプローチはどのようなものになるだろうか。

文　献

引用文献

Griffiths, M.D. 1993a Fruit machine addiction in adolescence: A case study. *Journal of Gambling Studies*, **9**, 387-399.

Griffiths, M.D. 1993b Factors in problem adolescent fruit machine gambling: Results of a small postal survey. *Journal of Gambling Studies*, **9**, 31-45.

Griffiths, M.D. 1997 Selling hope: The psychology of the National Lottery. *Psychology Review*, **4**, 26-30.

Lesieur, H.R., & Klein, R. 1987 Pathological gambling among high school students. *Addictire Behaviours*, **12**, 129-135.

Olds, J., & Milner, P. 1954 Positive reinforcement produced by electrical stimulation of the septal area and other regions of the rat brain. *Journal of Comparative and Physiological Psychology*, **47**, 419-428.

推薦文献

Fisher, S. 1993 The pull of the fruit machine: A sociological typology of young players.

Sociological Review, **41**, 444-472.
Griffiths, M.D. 1990 The acquisition, development and maintenance of fruit machine gambling in adolescence. *Journal of Gambling Studies*, **6**, 193-204.

文献検索のためのキーワード

病的ギャンブル（pathological gambling）
嗜癖（addiction）
依存（dependence）
フルーツマシン（fruit machines）
青年期（adolescence）
抑うつ（depression）
家族内葛藤（family conflict）

ワーク1　青年期におけるスロットマシンへの嗜癖

やってみよう──研究案

研究の目的と問題　ケーススタディ・アプローチによって倫理的に「安全」な領域の人間行動を研究するために，試験を受けるという体験について取り上げる。

・試験の前後で，受験者は何らかの身体症状を示すか。
・受験者がもっともストレスを感じるのは疲労しているときか。
・どのようなしかたで勉強をすれば，受験者はちゃんと試験準備ができたという気持ちになれるか。

参加者　一人。試験前と試験後。

研究デザイン　ケーススタディ。
・主となる「ケース」と，教師，両親，友人のような関係する人たちをインタビューする。上手な聞き手になって，柔軟にふるまうことが重要である。練習（予備研究）をすれば，多くの情報を引き出す質問や質問法を開発する助けになるだろう。
・インタビューを続けながら，さらに多くの研究テーマを形成すること。
・インタビューは，深みのある情報を得るために，適切な時間間隔をおいて持続的に行うこと。日記をつけるよう求めたり，ある特定の質問に答えさせるのもよい。
・研究目的に関係のある事実を記録する。たとえば前の試験の成績，学校での態度，健康の記録などである。研究期間中の出来事もすべて記録する。たとえば病気になったことや試験のレポートを書き直すのに費やした時間，など。
・心理テストや態度尺度を用いるのもよい。もちろん守秘義務や自分の検査者としての経験度などを考慮すること。「ケース」に10段階尺度で自分のストレス度を毎日評価させるなど，簡単なストレス評価を行うのもよい。

倫理的配慮
・インフォームド・コンセントを心に留め，だましたり不必要な苦痛を与えることをさける。秘密の厳守，プライバシーの保護を忘れてはならない。
・データは匿名でとり，参加者全員にきちんと説明した上でデータの公表を拒否する権利を保証すること。

実験の統制
・注意深くてバイアスのない質問のしかたをする。あまり多くの「はい・いいえ」で答えさせる質問をしない。話しすぎない。質問をこちらでリードしない。

器具
・テープレコーダ。

データ分析
・発言の引用：得られた知見をよく表している発言を引用し，発言中の行動を描写する。
・テーマ分析：研究に先立って決めたテーマや研究途中で浮上してきたテーマに沿って結果を構造化する。
・記述統計：たとえば，ストレスのデータの平均値や時間的変化をきちんとした表や図で示す。
・差の検討：参加者のストレスのレベルを試験の前後で比較する。

ワーク 2
大脳半球の優位性と美的選好

研究の概要

この研究は，2枚の写真のうちどちらをより好むかについて，右利き群と左利き群を比較し，両群の間に有意な差を見いだしたものである。この結果は大脳の「側性化」の一側面を示すもので，言語の進化の問題ともかかわっている。追試のためにはスライドかOHPシートのセットを用意する必要がある。同一の写真が，1枚は普通に，もう1枚は裏返し（左右反転）で2枚同時に提示される。学習のポイントは，実験の参加者を選択する技法（サンプリング）である。

イントロダクション

「側性化（ラテラリゼーション）」とは，人間の大脳が左右の2つの半球に分かれているという事実をさしている。多くの精神機能は両半球に存在するが，ある機能，たとえば言語などは通常一方の側だけに見られる。記憶などの機能は両半球が同様に働くが，いくつかの機能では一方の側が優位なのである。このことは身体の運動の過程にも当てはまる。すなわち，多くの人は字を書いたりボールを蹴ったりするときに身体の一方の側を使う。身体運動の機能はまた「反対側支配」である。つまり，一方の半球（たとえば左半球）が身体の反対側（たとえば右手）をコントロールしている。したがって，右利きの人で優位なのは左半球ということになる。

多くの右利きの人では視野の左側に対する視覚的好みがあることが知られているが，これはおそらく右半球が視覚‐空間的機能に関して優位なためだと考

えられる。この事実は，レヴィら（Levy et al., 1972）による「分離脳者」（左右の半球が怪我や外科手術によって離断された患者）の研究によく示されている。レヴィらは，患者の視野の右側と左側に別々の写真を提示すると，右半球（左側の視野）に提示された写真に対して反応しがちであることを見いだした。またネルソンとマクドナルド（Nelson & McDonald, 1971）は，写真に題名をつけるように求めると，参加者はたいてい写真の左側に含まれる内容に対応する題名を選ぶことを見いだしている。彼らはこの結果を美的選好に関する右半球優位という考えによって説明している。

キースタディ——レヴィ「大脳半球の優位性と美的選好」

　レヴィ（Levy, 1976）はこうした注意のバイアスの問題を研究し，半球の機能的な特殊化の方向が実際に左右視野の選好に影響しているのならば，右利き群と左利き群では異なる反応パターンが示されるはずだと考えた。この考えは，右利き群の99％で言語機能が左半球優位で，左利き群の44％ではそれが反対になっているという事実（Levy, 1974）に基づいている。
　したがって仮説は，右利き群と左利き群は美的選好について異なる反応パターンを示す，というものである。

方　法

参加者
　145名の心理学概論受講者で，全員が「アメリカ生まれで英語が母国語」であった。女性61名，男性84名。そのうち31名が自己報告によって左利きに分類された。「両手利き」と自己報告したものも左利きに分類された。

研究デザイン
　観光地の風景写真をスライドにしたもの97枚を刺激として用いた。同一の写真を縦に2枚並べたものを一組にして参加者に提示した。2枚のうち一方は裏返し（左右反転）で提示した。

手続き

それぞれのスライドは15秒間提示され,参加者は2枚の写真のうちどちらをより好むかを判断して選択した。判断の時間制限は15秒であった。

得点化の手続き

1. 右利き群の典型的反応を定義するため,レヴィは31人の右利き男性をランダムに選び,どちらの写真が選択されたかに関してこの31人が十分な一致を示した14枚のスライドを「ターゲット」として選んだ。この31名の選択の一致を基準にして,14枚それぞれについてオリジナルと反転のどちらが「好まれる」か「好まれない」かが決定された。

2. この31人を除く全員(114名)について,次のようにして+100点から−100点までの得点を計算した。ターゲットとなる14枚の写真のうち,全部「好まれる」ほうを選択したら+100点,全部「好まれない」ほうを選択したら−100点。14枚のうち7枚「好まれる」ほうを選んだら0点。14枚と7枚の間を選んだら選択の比率を用いて得点を与えた。7枚で0点,14枚で100点であるから,1枚につき100/7点である。したがってたとえば10枚の「好まれる」ほうを選んだら,0点(7枚)より3枚多いので得点は(100/7)×3=42.86点となる。

この計算法で生ずるバイアスは,右利き群と左利き群の間の差を過小評価することになる。したがって仮説を検討するために保守的で安全な方法である。

結果

右利き群の平均得点はゼロよりも有意に大きく,左利き群ではそうではなかった(表2.1参照)。また右利き群と左利き群の間の得点は有意に異なっていた。

表2.1 114名の右利き群・左利き群における選好得点

比較	自由度	平均値	t 値
右利き 対 ゼロ	82	22.69	7.61**
左利き 対 ゼロ	30	6.89	1.22
右利き 対 左利き	112	15.70	2.65**

**=$p<.005$,片側検定。
左利き対ゼロは両側検定。
出典:Levy (1976) より,Elsevier Science の許可を得て掲載。

考　察

　この研究は美的選好を決定するのに大脳半球の側性化が役割を果たしているという仮説を強く支持しているが，側性化の存在する理由については不明なままである。たとえば運動反応に関する左右の非対称性は，運動にバイアスが生ずるので生物にとって不利に働くだろう。したがって，側性化の進化には，こうした不利益を上回る適応上の有利さがあったと考えなくてはならない。ひとつの可能性は，高等動物における言語の出現である。両半球に言語機能が分散することは複数の言語中枢間での競合を生むのかもしれない。実際に，両半球への言語機能の分散は吃音や読字障害などと関連することが指摘されている（Jones, 1966 などを参照）。

　レヴィとキーク（Levy & Kueck, 1986）はその後，右利き群は右側に豊富な内容を含む写真を特に強く好むということを見いだしている。

考えてみよう

1. レヴィは実験の参加者を「アメリカ生まれで英語が母国語」としている。これはこの研究においてなぜ重要なのだろうか。
2. レヴィは両手利きの人を左利き群に入れることにした。これはバイアスの原因になりうると考えるか。自分ならば両手利きの人をどうするか。
3. このような研究を実施する際に，必要な代表的サンプルを集めるには問題があると考えられるか。それはなぜだろうか。
4. 利き手は自己報告によって判定されている。これは妥当な判定方法だと考えられるか。
5. どちらのスライドがより好まれたかを判定する方法は妥当だと考えられるか。
6. この方法で生ずるバイアスは，右利き群と左利き群の間の差を過小評価することになる，と述べられている。なぜこれが望ましいのだろうか。
7. 論文のなかでレヴィは，基準を設定するために用いた31人の右利き者の「得点には疑いもなく第一種の過誤が影響している」と述べている。この文脈における第一種の過誤とは何を意味するか。
8. スライドのテーマや内容によって結果が大きく影響されると考えられるか。どのような影響だろうか。他の刺激材料（たとえば顔写真など）

のほうが観光地の風景写真よりもよいということはあるだろうか。それはなぜだろうか。
9. 表2.1の自由度がどうやって計算されたかを説明しなさい。
10. これはなぜ「準実験」と呼ばれるべき研究なのだろうか。

文 献

引用文献
Jones, R.K. 1966 Observations on stammering after localised cerebral injury. *Journal of Neurology, Neurosurgery, and Psychiatry*, **29**, 192-195.
Lew, J. 1974 Psychobiological implications of bilateral asymmetry. In S. Diamond, & J.G. Beamont (Eds.) *Hemisphere function in the human brain*. London: Paul Elek.
Lew, J. 1976 Lateral dominance and aesthetic preference. *Neuropsychologia*, **14**, 431-445.
Levy, J., & Kueck, L. 1986 A right hemispatial field advantage on a verbal free-vision task. *Brain and Language*, **27**, 24-37.
Levy, J., Trevarthen, C., & Sperry, R. 1972 Perception of bilateral chimeric figures following hemispheric deconnexion. *Brain*, **95**, 61-78.
Nelson, T., & Macdonald, G. 1971 Lateral organisation, perceived depth and title preference in pictures. *Perceptual and Motor Skills*, **33**, 983-986.

推薦文献
Kinsbourne, M., & McMurray, J. 1975 The effect of cerebral dominance on time sharing between speaking and tapping by preschool children. *Child Development*, **46**, 240-242.
Rosenfield, D.B., & Goodglass, H. 1980 Dichotic testing of cerebral dominance in stutterers. *Brain and Language*, **11**, 170-180.

訳者補遺
Springer, S. P., & Deutsch, G.　福井圀彦・河内十郎(監訳)　宮森孝史他(訳)　1997　右の脳と左の脳　第2版　医学書院
ガザニガ，M.S.　杉下守弘・関啓子(訳)　1987　社会的脳：心のネットワークの発見　青土社

文献検索のためのキーワード

側性化（lateralisation）
美的選好（aesthetic preference）

16

利き手 (handedness)
左利き (left-handers, sinister versus dextral)
視野 (visual field)

やってみよう──研究案

仮説　右利きの人と左利きの人は，美的選好について異なった反応パターンを示す。

参加者　誰でも可。

研究デザイン　独立測度を含む準実験。
・スライドかOHPのシートを用意する。裏返しでも提示できるように，同じものを2枚ずつ用意する。参加者が前もって特別な選好をもつことのないように，参加者が今まで見たことのない写真を用いること。
・どうやって利き手を判定するかを決める。実際にどちらの手を使って名前を書くかを観察してもよいし，自己報告させてもよい。

倫理的配慮
・ディセプションを含むので，デブリーフィングに細心の注意を払い，事後にインフォームド・コンセントを得る機会を提供すべきである。
・不必要な不快感を与えないよう注意し，秘密を厳守し，参加者のデータの公表を拒否する権利を保証すること。

実験の統制
・単純盲検法。
・左利きの人がきちんと含まれるように，注意深く標本を抽出する。
・標準化された教示と実験条件。

実験材料
・参加者の知らない内容のスライドあるいはOHPシート。
・反応記録用紙。
・標準化された教示文とデブリーフィング用のメモ。

データ分析

・記述統計：平均値，明確なタイトルのついた表や図。
・右利きの参加者からランダムに何人か選び，それらの参加者の間で選好の一致度が高い写真を何枚か選ぶ。それらを「選好版」，それらを反転したものを「非選好版」と呼ぶ。
・全参加者の選好得点を計算する。この得点によって，右利き群のサンプルが右利きの人一般の傾向を予測するものか，またそれが左利き群と異なるかどうかを推定できる。
・2群を比較するための独立の平均の差の検定。

ワーク 3
サッカーの知識と記憶

> **研究の概要**
>
> この研究は，記憶がすでにもっている知識やスキーマの存在によって促進されることを示したものである。サッカーについてよく知っている人は，そうでない人よりもサッカーの試合結果をよく想起できた。追試のためには，サッカーの知識を判定する質問紙を作成し，また試合結果の想起をテストする必要がある。参加者全員を同時にテスト可能である。研究のポイントは現実的な状況で研究を実施することである。

イントロダクション

　記憶の研究は長い間，無意味綴りのリストの学習と想起のような，人工的な課題を用いた研究に集中していた。しかし最近になって，もっと現実生活にかかわる記憶の課題へと関心が移ってきている。この変化の理由のひとつに，異なった種類の記憶システムを区別するという考え方がある。たとえばコーエンとスクワイア（Cohen & Squire, 1980）は長期記憶を手続き的システム（何かをするやり方の知識）と宣言的システム（事実に関する知識）に分類した。さらにタルヴィング（Tulving, 1972）は，宣言的システムがエピソード記憶（いつ，どこで，という情報が重要な個人的記憶）と意味記憶（言語的，一般的知識）に分類可能であることを示した。実験室的な記憶研究が取り扱っていたのは，主にエピソード記憶のみだったのである。

　もっと現実生活に関連する記憶研究の例としては，患者が医学的指示をきちんと思い出すために医者はどうしたらよいのかという問題を研究したレイ（Ley,

1978）があげられる。また，注目を集めている分野としては，チェスの駒の位置に関する記憶の研究がある（Chase & Simon, 1973）。チェスの名人は駒の位置の記憶が抜群によいが，それは駒が実際のゲームと同じように配置されている場合のみで，駒がでたらめに配置された場合には名人と素人との差はない。つまり，チェスの名人は駒の配置の知識をより高次のユニット（いわゆる定跡）として構造化しているために，配置の記憶が優れているのだという説明ができるだろう。

キースタディ——モリスら「サッカーの知識と新たな試合結果の記憶」

　モリスら（Morris et al., 1981）は，サッカーの熱心なファンは試合結果を一度聞いただけで後にそれを正確に想起できるということを示した。この記憶想起の構造は，実験室における「対連合学習課題」と同一である。対連合学習とは，単語，無意味綴り，数字などを無関係な対にしたものをたくさん参加者に学習させ，その後に対の一方を提示してもう片方を想起させるというものである。実験室的な状況では，たとえば単語と数字をでたらめに組み合わせたもの（マンチェスター－1などのように）を120個も学習させられたりすれば，成績はきわめて低くなるだろう。ましてや，サッカーの試合結果のように2つの単語と2つの数字の組み合わせ（リーズ－2，レイセスター－0などのように）がもっと難しいのは明らかである。

　研究で確かめたいことは以下の2点である。
1. ある事柄に関するプロや熱心なファンは，自分の興味のあることに関する新しい情報を，素人よりもよく記憶できるだろうか。
2. もしそうならば，この効果的な記憶はどのようなプロセスで生じるのだろうか。

方　法

参加者
男子学部生38人が，50ポンドの報酬を受けて実験に参加した。

ワーク3　サッカーの知識と記憶

研究デザイン

まず質問紙によって参加者のサッカーの知識を判定した。質問のなかには非常に簡単なものも含まれていたため，サッカーについて少しは知っている人とまるっきり何も知らない人を区別することが可能であった。質問は全部で42問あり，幅広い試合内容に関するものが含まれていた。たとえば，

- マンチェスター・シティのゴールキーパーは誰か。
- ブリスベン・ロードの選手名を一人あげよ。
- EUFAカップで最後に優勝した英国チームの選手名を一人あげよ。
- セルティックの監督は誰か。

等々である。

手続き

実験は土曜日の午後に集団で行った。参加者はまずサッカー知識を判定する質問紙に解答した。次に実際のサッカーの結果の放送（64試合分）を聞かせ，その後に対戦チーム名の記載された回答用紙に思い出せる限りの試合結果（得点）を書き出すように求められた。参加者は実験前にその日の午後のサッカー中継やニュースを見ないように指示されていた。

両チームの得点が正解の場合のみ，試合結果の想起は正解とされた。

統制条件

サッカーの熱心なファンは，何も知らない人よりも正確に試合結果を予測することができるという可能性もある。この仮説を確かめるために，別の参加者群（男子学部生24人）に試合前に結果を予測させる実験を行った。予測の正確さとサッカー知識を判定する質問紙の成績の相関を計算した。

結　果

知識質問紙の正答数はピークが2つある分布をしており，16人が5問以下，16人が20問から30問の間，4人がほぼ30問正解であった。

正規分布でないため，スピアマンの順位相関係数を用いた。サッカー知識の豊富な参加者は試合結果の想起がよかった（表3.1参照）。この傾向は特に一部リーグ（現在ではプレミア・リーグと呼ばれる）の結果で顕著であり，これは参加者が一部リーグに関してより豊富な知識をもっていたためと考えられる。

統制群におけるサッカーの知識と試合結果の予測の正確さの間には有意な相

表 3.1 想起と予測の正答数,およびそれらとサッカー知識質問紙の成績との相関

| | | リーグ | | | | | | |
| | | イングランド | | | | スコットランド | | |
	全体	1部	2部	3部	4部	プレミア	1部	2部
実験群:								
想起の正答数平均	14.9	5.6	2.5	2.1	2.1	0.8	0.3	1.5
相関係数($N=38$)	0.81**	0.79**	0.71**	0.39*	0.47**	0.31**	0.34**	0.19
統制群:								
予測の正答数平均	4.3	0.8	0.6	1.1	0.7	0.4	0.4	0.3
相関係数($N=24$)	0.3	0.27	−0.11	0.09	0.18	0.11	0.12	0.10

*=$p<.05$ **=$p<.01$
出典:Morris et al. (1981). より許可を得て掲載。Copyright © The British Psychological Society.

関は見られなかった。

考 察

　サッカーの知識と試合結果の想起成績の間には明確な関連が認められた。統制群では有意な効果が見られなかったことから,この結果は知識を用いた予測によって生じたものではありえない。サッカーの「エキスパート」はそうでない人よりも効果的に試合結果を符号化するのであり,これは特に一部リーグの結果に関して顕著であった。
　サッカー知識の判定のための質問紙で多くの情報を想起できた参加者はもともと記憶力がよく,そのために試合結果の想起成績もよくなった,ということもありうる。しかし異なる記憶課題の成績の内部相関は通常低いことから,この可能性はありそうもないと考えられる。
　モリスら(Morris et al., 1981)は,「関心」の高さというあいまいな概念でエキスパートの成績のよさを説明することは否定している。参加者は想起テストがあることを知っていたのだから,どの参加者も記憶しようとする十分な動機づけをもっていたはずだからである。モリスらは,こうした効果の原因は,エキスパートの豊富な知識が試合結果を聞くことで活性化されるためであると示唆している。エキスパートは,この試合結果がリーグの順位にどういう影響を及ぼすかなどのように,新たな情報を既存のスキーマへと当てはめるのである。とはいえ,豊かな符号化によってのみ想起成績が向上したとは限らない。エキスパートにとっては,サッカーチームの名称がより有効な記憶検索手がかりとして働くことも考えられる。

したがって，2つのプロセスが働いていると考えられる。まず既存の知識は，精緻化を助けるので情報の符号化を促進する。次に検索手がかりは，知識の豊富な人にとってより意味があるので，想起成績を向上させる。

考えてみよう

1. 実験の参加者に報酬を支払う必要があるだろうか。報酬の有無は参加者の成績にどのような影響を及ぼすだろうか。
2. 質問紙に非常に簡単な質問を含めることがなぜ必要だったのだろうか。非常に難しい質問ばかり用いたらどうなっていただろうか。この実験は床効果（課題が難しすぎるために，グループ間の成績の差がなくなってしまうこと）や天井効果（課題が簡単すぎるために，グループ間の成績の差がなくなってしまうこと）を回避しようとしただろうか。
3. なぜ幅広い試合内容に関する質問を含む必要があったのだろうか。
4. なぜ実際の試合結果の放送を用いたのだろうか。
5. 2つの得点が正解の回答のみを正解としたが，他のスコアリング法が考えられるだろうか。どちらがより望ましいだろうか。
6. スピアマンの順位相関係数を用いているが，なぜこの選択が必要だったのだろうか。他の方法はあるだろうか。
7. この研究で，他に統制すべき要因がなかっただろうか。
8. 試合結果のすべてを想起させる必要があっただろうか。
9. モリスらは，質問紙の成績がよかった参加者は記憶力がよく，そのために試合結果の想起成績もよくなった，ということを示唆している。この可能性はこの実験の結果を説明できると考えられるか。
10. この研究ではどの種類の記憶が対象となっているのだろうか。
11. この研究にはジェンダー・バイアスがあるだろうか。

文 献

引用文献

Chase, W.G., & Simon, H.A. 1973 Perception in chess. *Cognitive Psychology*, **4**, 55-81.
Cohen, N.J., & Squire, L.R. 1980 Preserved learning and retention of pattern-analysing skill in amnesia using perceptual learning. *Gortex*, **17**, 273-278.
Ley, P. 1978 Memory for medical information. In M.M. Gruneberg, P.E. Morris, & R.N. Sykes (Eds.) *Practical aspects of memory*. London: Academic Press.

Morris, P.E., Gruneberg, M.M., Sykes, R.N., & Merrick, A. 1981 Football knowledge and the acquisition of new results. *British Journal of Psychology*, **72**, 479-483.

Tulving, E. 1972 Episodic and semantic memory. In E. Tulving, & W. Donaldson (Eds.) *Organisation of memory*. London: Academic Press.

推薦文献

Cohen, C.E. 1981 Person categories and social perception: Testing some boundaries of the processing effects of prior knowledge. *Journal of Personality and Social Psychology*, **40**, 441-452.

訳者補遺

コーエン, G. 川口潤他(訳) 1992 日常記憶の心理学 サイエンス社

文献検索のためのキーワード

日常記憶（real-world memory）
サッカー（football）
スキーマ（schemas）
エピソード記憶（episodic memory）
意味記憶（semantic memory）
手続き記憶（procedural memory）
宣言的記憶（declarative memory）
想起, 再生（recall）
対連合（paired-associate）

ワーク3　サッカーの知識と記憶

やってみよう——研究案

仮説　サッカーの結果の想起成績は，サッカー知識の質問紙の成績と正の相関がある。

参加者　誰でも可。サッカーの知識量が幅広く分布していること。

研究デザイン　質問紙を用いた相関的研究。
・サッカーの知識を判定する質問紙を制作する。得点が十分に分散するように，難易度の異なる質問を入れること。予備調査をしたほうがよいかもしれない。
・サッカーの結果が放送される時間に参加者をテストできるように手配すること。自分で架空の結果を作ってもいいが，有効性は低くなるであろう。
・標準化された教示文と想起用の回答用紙（対戦チームの名前を記入済みのもの）を用意する。

倫理的配慮
・ディセプションを含むので，デブリーフィングに細心の注意を払い，事後にインフォームド・コンセントを得る機会を提供すべきである。
・不必要な不快感を与えないよう注意し，秘密を厳守し，参加者のデータの公表を拒否する権利を保証すること。

実験の統制
・得点が十分に分散するように，難易度の異なる質問を用意する。
・単純盲検法。
・標準化された教示と実験条件。

実験材料
・サッカー知識を判定する質問紙。
・サッカーの試合結果。
・標準化された教示文とデブリーフィング用のメモ。

データ分析
- 記述統計：平均値，明確なタイトルのついた表や図。
- 相関関係の検定：結果が正規分布していない場合にはスピアマンの順位相関係数を使用すること。正規分布の場合にはピアソンの相関係数でよい。
- 別のやり方：参加者をサッカーのエキスパートと素人に二分し，独立の平均値の検定（t 検定）で想起成績を比較する。参加者を分類する基準の選択に注意すること。

ワーク 4

犯罪の目撃者は容疑者を見分けられるか

研究の概要

この実験では，正確に細部を思い出せないような状況では，人間は驚くほど見せかけの手がかりに頼ってしまうということを明らかにしている。この研究は警察の「面通し」で容疑者を見分けなくてはならない目撃者の行動をシミュレーションしたものである。追試には顔写真のセットが必要である。研究のポイントはフィールド実験における倫理と生態学的妥当性である。

イントロダクション

　ブラウン（Brown, 1986）は，目撃者の証言に関するパラドックスとは，心理学者，法務官，判事などの専門家は目撃者証言をもっとも当てにならない証拠とみなしているのに対して，陪審員はそれを他の何よりも説得力のある証拠だとみなすことである，と述べている。目撃者が（場合によっては30人もの目撃者が一致して）間違った人間を犯人だとしたり，多くの証拠がそれを支持していないにもかかわらず，陪審員が目撃者証言を信じ込んでしまったりした，恐ろしい事例が昔からいくつも存在するのである。

　こうした問題に対するひとつの解決策は，弁護人が専門家を証人として法廷に呼び，目撃者証言が信頼のおけない場合のあることを陪審員たちに納得させることである。強盗に押し入り店員を殺害したとして起訴されたホセ・ガルシアの裁判において，ロフタス（Loftus, 1979）が要請されたのはまさにこの役割である。ガルシアの有罪を示唆する唯一の証拠は，ジョセフ・メルビルというもう一人の店員の目撃証言のみであった。ロフタスが主張したのはたとえば，

メルビルがガルシアを面通しによって犯人だと証言したのは事件から2週間たってからであり，記憶痕跡が時間とともに減衰することを考えれば，その判断は間違いであった可能性が高いということであった。また，メルビルは同僚の射殺を目撃した後には極端な混乱状態にあったが，多くの研究は高いストレス状態においては記憶の信頼性が低下するということを示している。人種もまた重要な要因である。ガルシアはメキシコ系アメリカ人で，メルビルは白人であった。研究によれば，他の人種グループの人間を識別することは，自分の属する人種内での識別よりもはるかに困難なのである。

　知覚も記憶も，選択的で構築的であることによってこそ有効に機能する。これらの機能はトップダウン処理に大きく依存し，「隙間を埋める」ように働く。したがってそれらは偏見や誘導的な質問や手がかりによって影響を受けるのである。ロフタスら（Loftus et al., 1978）の古典的な研究では，誘導的な質問が実験の参加者の反応に影響を与えることを示した。a と the のどちらが質問に使用されるかで参加者の質問への回答が異なったのである。すなわち，「その壊れたヘッドライトを見ましたか？（Did you see the broken headlight?）」という質問はヘッドライトの存在を前提としているが，「壊れたヘッドライトを見ましたか？（Did you see a broken headlight?）」という質問はより広い可能性を残している。

　ガルシアの裁判では，たまたま陪審員の評決は合意に達せず，ガルシアは無罪となった。

キースタディ──バックホート「目撃者の証言」

　バックホート（Buckhout, 1974）は，「研究および法廷での経験によれば，事件の目撃証人は通常の人間には本来無理なことを求められている，ということを示す無数の証拠があげられる」と述べている。バックホートは，事件現場に固有のいくつかの特徴のためにその後の想起が不正確になることを示している。その特徴とは，事件の時点では何が重要かわからないことが多いこと，事件現場では理想的な状態で事態を観察できるわけではなく，また冷静ではいられないこと，知覚はいわゆる「知覚の構え」に依存しがちで，不可避的に特定の方向へのバイアスが生ずること，そして目撃者は無意識のうちに他の目撃者たちと話を合わせがちになること，などである。そしてその後の容疑者を見分ける

作業は，誘導的な質問や不公正な面通しによってさらにバイアスがかかるのである。

バックホートは，この研究で上記のうちの最後の仮説を検討している。すなわち，容疑者のリストの提示方法が容疑者を見分ける過程にどのようなバイアスを生じさせるのかという問題である。

方 法

参加者
141人の「目撃者」と，事件を目撃していない52人。

研究デザイン
大学キャンパス内での襲撃事件を演出した。一人の「傍観者」と多くの目撃者の見ているところで，教授が一人の学生に襲われた。事件はビデオで撮影され，実際の出来事と目撃証言を比較できるようにした。

事件後の容疑者の同定は，襲撃犯人と「無実の傍観者」を含む6人分の写真

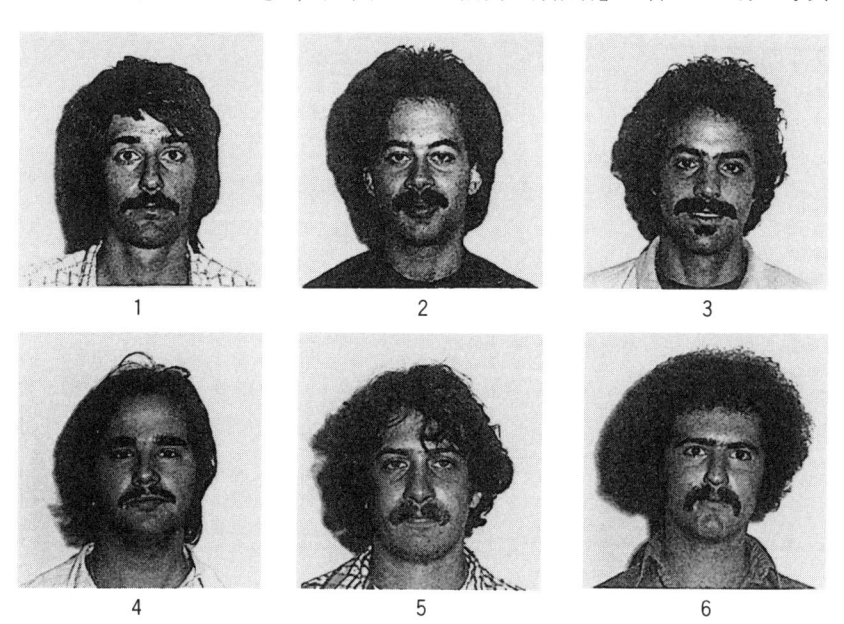

図4.1　参加者に提示したバイアスのない写真セット。
　　　　写真はきちんと並べられ，すべて正面向き。

出典：Buckhout（1974）

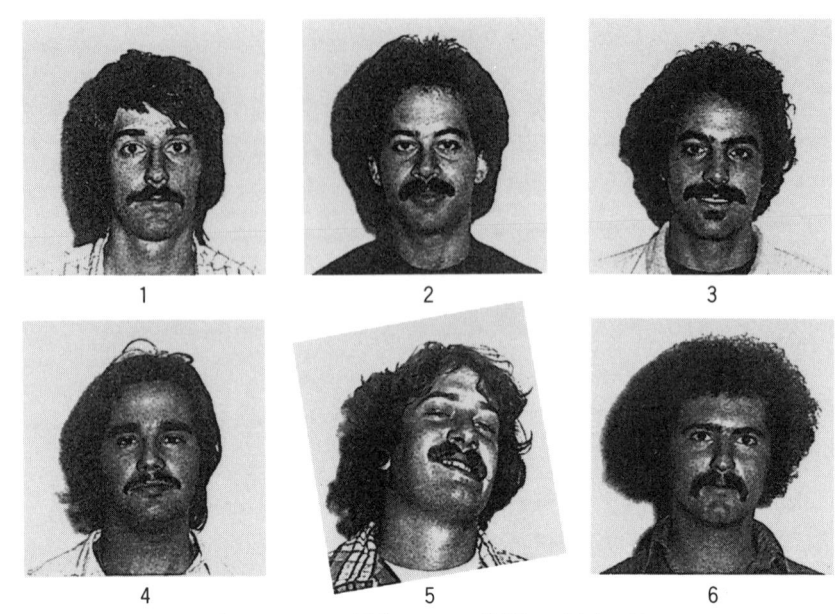

図4.2 バイアスのある写真セット。襲撃犯の写真は傾いていて，表情も異なっている。

出典：Buckhout（1974）

セットを用いて行った。以下の4つの実験条件を設定した。
1. バイアスのない写真セット（図4.1参照）：すべての顔写真がきちんと一直線に並べられていて，同じように正面から撮影されているもの。
2. バイアスのある写真セット（図4.2参照）：襲撃犯の頭が傾いていて，歯を見せてにやっと笑っており，その写真だけ斜めに置かれているもの。
3. バイアスの低い教示：目撃者は，単に写真のなかに誰か見たことのある人はいるか，と尋ねられる。
4. バイアスの高い教示：目撃者は事件について念を押され，「この写真のなかの一人が目撃した事件の容疑者です。あなたにそれが誰かを見分けてもらうことが重要です。」と告げられる。

手続き

襲撃事件の後に目撃者から個別に宣誓書付の調書をとり，犯人はどのような人物か，着ていた服やその他なんでも思い出せることについて尋ねた。また自分の証言の正確さについての自己評定も行ってもらった。

7週間後に，目撃者は図4.1と図4.2の写真セットのうちひとつを示され，

襲撃犯を選ぶように求められた。

もうひとつの参加者グループは事件を目撃していないが、事件について説明を受けた。彼らにも同一の実験条件のもとで写真セットを提示し、もっとも犯人らしく思われる人物を選んでもらった。

結　果

容疑者を正しく選択できたのは目撃者の40％のみであった。25％は間違って「無実の傍観者」のほうを選んだ。なんと襲撃された教授本人も、間違った人物を選択した。

バイアスのある写真セットとバイアスの高い教示を与えられた参加者グループがもっとも高い正解率（61％）を示した。このグループでは選択の自信度評定値ももっとも高かった（図4.3参照）。

事件を目撃していない参加者グループでも、5番の写真がもっとも多く選択された。

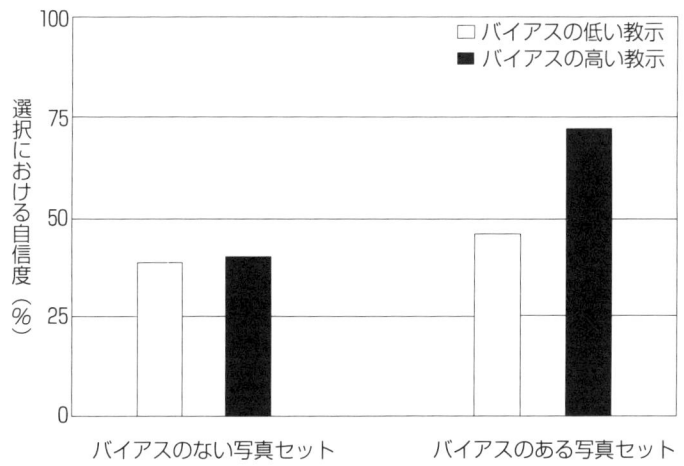

図4.3　バイアスのある条件で顔の再認能力に関する自信がもっとも高い。
出典：Buckhout（1974）

考　察

この研究で得られた結果は、目撃者は容疑者を選ぶ際に簡単にぐらつくことを示している。あまりにも犯人らしくみえる選択肢はむしろさけられるのでは

ないかと思われがちであるが，実際はそうではなく，不確かな状況ではどのような手がかりにでも依存するという見方を支持する結果となっている。実際の犯罪目撃状況の多くでは目撃者は不確かな状態にあり，容疑者を見分けなくてはならないというプレッシャーにさらされる。したがって，この実験の生態学的妥当性は高いと考えられる。

　バックホート（Buckhout, 1980）のその後の研究では，財布がすられる場面を撮影し，テレビニュースで放映するという実験を行っている。ニュースに続いて6人の容疑者の顔が示され，視聴者に電話での回答を求めた。2145人が回答したが，正解者はたったの14％であった。これは，でたらめに回答した場合の偶然の正解率（6分の1＝16.6％）よりもやや悪い成績である。

考えてみよう

1. 事件の目撃者を7週間後に再テストすることにどのような問題がありうるだろうか。またそれらの問題は，結果にどのような影響があるだろうか。
2. 目撃者は自分の記憶についての自信を自己評定するように求められた。これはなぜ重要なのだろうか。
3. 参加者の何人かは「まったく選ぶことができなかった」。すべての参加者に必ず選択するように強制することは望ましいだろうか。現実性とよい実験結果を得ることの両方の側面から考察しなさい。
4. 図4.3のデータを分析するにはどんな統計検定を用いるべきだろうか。その理由は。
5. 実験手続きがどのくらい現実生活を反映しているかを生態学的妥当性という。この実験は生態学的妥当性をどの程度備えているだろうか。
6. この実験の一部は「フィールド」で行われている。これについてどのような倫理上の反対意見がありうるだろうか。
7. 参加者の一部は犯人をまったく見たこともなかった。彼らの行動は実際の目撃者の行動のどのような側面に対応するものとなっているか。
8. バックホートのテレビを使った実験では，どのような標本抽出の手続きが行われているか。その手続きは結果にどのような影響があったと考えられるか。
9. バックホートのテレビの実験で，なぜ参加者の視覚的想起の成績はこんなに悪かったと考えられるか。

文　献

引用文献
Brown, R. 1986 *Social psychology: The second edition.* New York: The Free Press.
Buckhout, R. 1974 Eyewitness testimony. *Scientific American*, **231**, 23-31.
Buckhout, R. 1980 Nearly 2000 witnesses can be wrong. *Bulletin of Psychonomic Science*, **16**, 307-310.
Loftus, E. 1979 *Eyewitness testimony.* Cambridge, MA: Harvard University Press.（西本武彦(訳)　1987　目撃者の証言　誠信書房）
Loftus, E., Miller, D., & Bums, H. 1978 Semantic integration of verbal information into a visual memory. *Journal of Experimental Psychology: Human Learning*, **4**, 19-31.

推薦文献
Moston, S. 1990 How children interpret and respond to questions: Situational sources of suggestibility in eyewitness interviews. *Social Behaviour*, **5**, 155-167.

訳者補遺
コーエン, G.　川口潤他(訳)　1992　日常記憶の心理学　サイエンス社

文献検索のためのキーワード

目撃者証言（eyewitness testimony）
容疑者の同定（eyewitness identification）
知覚の構え（perceptual set）
知覚とストレス（perception and stress）
知覚と同調（perception and conformity）
誘導的質問（leading questions）

やってみよう——研究案

仮説　バイアスのある条件の参加者はバイアスのない条件の参加者よりも「容疑者」を選び出す率が高い。

参加者　誰でも可。

研究デザイン　独立要因実験。
- 同一の容疑者の写真セットを2組準備する。ひとつをバイアスのない条件に，もうひとつをバイアスのある条件に用いる。後者には他の写真と少なくともひとつの重要な側面が異なる写真を1枚入れておく。
- 標準化された教示を用いて，事件の説明をし，もっとも犯人らしく思われる人物を選ぶように指示する。「わからない」という解答を許可するかどうかを決定する必要がある。
- 参加者をランダムに実験群（バイアスのある写真セットとバイアスのない写真セット）に配分する。

倫理的配慮
- ディセプションを含むので，デブリーフィングに細心の注意を払い，事後にインフォームド・コンセントを得る機会を提供すべきである。
- 不必要な不快感を与えないよう注意し，秘密を厳守し，参加者のデータの公表を留保する権利を保証すること。

実験の統制
- 両条件で同一の写真を用いること。
- 2条件：実験条件（バイアスあり）と統制条件（バイアスなし）。
- 各条件へ参加者をランダムに配分すること。
- 単純盲検法。
- 緩衝課題（参加者の気をそらしたり時間を調整するために行う，実験とは無関係の課題）のための質問。
- 標準化された教示と実験条件。

実験材料
・写真のセット。
・標準化された教示文とデブリーフィング用のメモ。

データ分析
・記述統計：平均値，明確なタイトルのついた表や図。
・関連性の検定：2×2 の χ^2 検定。両条件でバイアスのある写真の人物が選択された頻度を比較する。条件（バイアスあり・なし）対その写真の選択（はい・いいえ）。
・関連性の検定：2×6 の χ^2 検定。変数の効果がないなら各写真は同じ頻度で選択される，ということを仮定し，すべての写真の選択頻度を比較する。条件（バイアスあり・なし）対写真（6枚のうちの1枚）。

ワーク 5
記憶の干渉と手がかりによる想起

研究の概要

この実験は，手がかりのある再生課題では記憶の干渉（逆向抑制）が小さくなることを示したものである。この結果は，逆向抑制が再生すべき情報が失われたためではなく，情報にアクセスできなくなった（手がかりが失われた）ためにおきることを意味する。追試のためには単語のリストを用意する必要がある。実験は小集団で実施可能である。生態学的妥当性が学習のポイントである。

イントロダクション

　忘却という現象を説明する概念に，逆向抑制がある。逆向抑制とは，2つの異なる情報のセットを学習したとき，新たな記憶が以前の記憶に干渉し，最初に学習したほうの情報のセットがよく想起できなくなるという現象である。この効果は，2つの情報セットの類似性が高いときに非常に強くなる。
　典型的な逆向抑制の実験では，参加者に2つの学習リストを与える。リストA‐Bは無意味綴りと意味のある単語のペアである。リストA‐Cは最初のリストと同じ無意味綴りが別の単語とペアになっている。参加者がA‐Bを学習してからA‐Cを学習すると，A‐Bの想起は逆向抑制のために難しくなる。場合によってはA‐Cの想起もA‐Bのために難しくなることがあり，これは順向抑制と呼ばれる（抑制が時間に関して後ろ向きではなく前向きに働くということ）。

学習リストの例

A - B	A - C
ぬよ　芝生	ぬよ　通路
へぐ　荷舟	へぐ　洞穴
ちぬ　主人	ちぬ　バス(魚の)

　タルヴィングとマディガン（Tulving & Madigan, 1970）は忘却には2種類あるという考えを提唱した。痕跡依存型の忘却は，記憶痕跡そのものが物理的に失われたためにおきる。手がかり依存型の忘却は，記憶痕跡自体は存在していてもアクセスできなくなったためにおきる。つまり記憶が失われたのではなく，記憶へのアクセスに問題があるということである。

　では逆向抑制とは痕跡依存型と手がかり依存型のうちどちらの忘却現象なのだろうか。言い換えると，第2のセットの情報が第1のセットの情報を物理的に上書きしてしまって，第1の情報は失われてしまうのか，それとも第2のセットが第1のセットと競合して，第1のセットへのアクセスを困難にしているのだろうか。

キースタディ——タルヴィングとソトカ「自由再生における逆向抑制」

　タルヴィングとソトカ（Tulving & Psotka, 1971）は次のような仮説を立てた。もし逆向抑制が記憶痕跡の減衰で生ずるならば，手がかりを与えての再生をさせても想起の助けにはならないだろう。一方，もし逆向抑制が情報へのアクセスが不能となったために生じるならば，手がかりは情報へのアクセスを回復させ，想起成績を向上させるはずである。

方　法

参加者
128人の高校生が報酬を得て参加した。うち77人は男性，51人は女性。

研究デザイン
　6種の実験条件があった。条件1（E1）ではひとつの単語リストを学習し，条件2（E2）では2つのリストというふうにリスト数が増えて，E6では6つ

の単語リストを学習した。参加者は単独あるいは最大4人からなる集団で実験に参加した。各リストの提示が終わるたびにまず直後再生を行い，続いてすべてのリストを提示した後で自由再生を行い，そして最後に手がかりを与えられての再生を行った。

それぞれ24個の単語からなるリストを6種類用いた。各リストの単語は6種のカテゴリーのどれかに属し，各カテゴリーあたり4語ずつを含んでいた（したがって全リストでカテゴリーは36種である）。ひとつのカテゴリーに属する単語はリスト内でひとまとまりにブロック化されており，「よほど無関心な参加者でもない限り，それぞれの単語のまとまりが意味的に関連していることは誰の目にも明白」であった。カテゴリー名は単語リストに含まれなかった。単語はコーエンら（Cohen et al., 1957）の単語表から選んだ。順序効果を相殺するために，リスト内のカテゴリーの順序は参加者ごとに変えた。

2群（C1とC6）が統制群で，C1はひとつのリストを，C6は6つのリストを学習した。

手続き

単語はテレビ画面に1秒に1個のペースで提示された。ひとつのリストは3回提示され，3回目の終了直後に参加者は思い出せる限りの単語を書き出すように求められた。不確かな場合にもできるだけ推測して答えるように教示された。この直後再生テストの制限時間は90秒で，時間終了後にすぐ次のリストの提示が開始された。

最後の直後再生テストの後，自由再生テスト（FR_1）が行われた。ひとつのリストにつき90秒が制限時間であった。

次に参加者は記憶とは無関係な課題を10分間行った（Shipley-Hartford Abstraction Test）。これは2回目の自由再生テスト（FR_2）までの時間を埋めるために行われた。

FR_2の終了直後に手がかりのある再生テスト（CR）が行われた。参加者は各リストにつき1枚の回答用紙を受け取った。それぞれの回答用紙にはその単語リストに登場したカテゴリー名が記載されていた。ここでもリストひとつにつき90秒が再生テストの制限時間であった。

統制群は，直後再生の次にまず記憶とは無関係な課題を行い，それに続いて3つの記憶テスト（FR_1, FR_2, CR）を連続して行った。この手続きによって時間の経過が想起に及ぼす影響を評価することが可能となっている。

結　果

　最初の自由再生課題（FR$_1$）では，記憶すべきリスト数が多いほど単語の平均想起率は低くなった。これは図5.1に見てとることができる。さらにこの図から，干渉するリスト数が増えるにつれて想起されたカテゴリー数も減少していることがわかる。ひとつのリストのみを学習した群ではすべてのカテゴリーからいくつかの単語を想起できているのに対し，6つのリストを学習した群では6つのカテゴリーのうち2つか3つ（40%）からしか単語を想起できなかった。

　図5.1に示されている実験結果の重要なポイントは，想起された単語数は各カテゴリー内ではおよそ60%から80%くらいで比較的一定していることである（各カテゴリーの4単語につき平均3つを想起していることになる）。この問題は考察で詳しく取り上げる。

　自由再生では，参加者は始めよりも後のほうに提示されたリストの単語をより多く想起している（表5.1，表5.2参照）。これは逆向抑制を示している。順向抑制が生じた証拠はみあたらない。実際，むしろ順向促進がおきている。すなわち，あるリストにおける単語の想起は，そのリストに先立って学習したリスト数が多いほど高くなっている場合がある。

　このように自由再生テストではリストの順番と想起成績の間に相互作用が見られるが，手がかりのある再生テストではこの相互作用はE4群にしか見られない。言い換えると，手がかりのある再生テストでは参加者はどのリストの単語

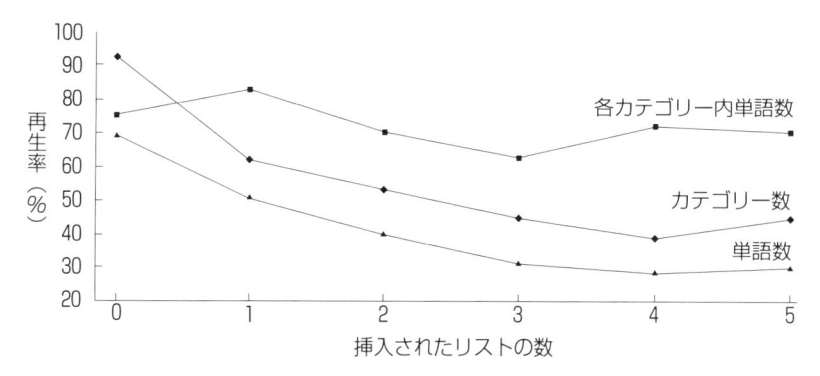

図5.1　単語とカテゴリーの想起に及ぼす挿入学習の効果
（最初の自由再生テスト（FR$_1$）のデータ）

出典：Tulving & Psotka (1971). 本図と表5.1，5.2は，American Psychological Associationの許可を得て掲載。© American Psychological Association.

表5.1 6群それぞれの自由再生と手がかりのある再生における想起単語数の平均

群		リスト番号						平均
		1	2	3	4	5	6	
FR$_1$	E1	16.6						16.6
	E2	12.1	17.2					14.7
	E3	9.4	10.8	15.4				11.9
	E4	7.1	10.0	11.4	14.8			10.8
	E5	6.6	9.6	10.7	13.1	17.1		11.4
	E6	6.8	9.6	8.6	10.3	14.2	14.4	10.6
FR$_2$	E1	16.6						16.6
	E2	13.9	17.2					15.6
	E3	11.4	13.3	14.4				13.1
	E4	9.8	11.2	12.1	14.0			11.8
	E5	9.0	11.8	11.7	13.8	16.2		12.5
	E6	9.0	12.2	11.4	11.7	14.3	14.9	12.1
CR	E1	18.1						18.1
	E2	20.5	20.2					20.4
	E3	16.4	17.7	17.1				17.1
	E4	15.4	17.2	18.3	17.6			17.1
	E5	16.2	17.6	17.5	16.9	18.3		17.3
	E6	16.1	16.8	16.4	17.5	16.2	17.9	16.8

も同じくらい想起している。しかし自由再生テストでは始めのほうのリストの再生成績が悪くなっているのである。

想起成績（手がかりあり，なしどちらでも）は，統制群（C1とC2）と実験群（E1とE6）の間で有意差はなかった。このことは，想起成績の低下は挿入された学習リストによるものであり，時間経過による減衰のためではないことを示している。

最後に注目すべきは，リストにない単語が誤って想起されることはほとんどなかったということである。この誤想起は手がかりのある再生テストでもっとも多かった（参加者ひとりあたり平均1.66語）。

表5.2 全群の結果のまとめ

条件	リストから再生された語の平均数		
	最初のリスト	中間の全リスト	最後のリスト
手がかり再生	16.0	17.6	18.0
自由再生	7.4	11.1	15.7

考　察

　どの条件でもカテゴリーあたりの想起単語数が一定だったことは，あるカテゴリーのひとつの要素にアクセスすることでそのカテゴリー全体がアクセス可能になるということを意味している。たとえば，あるリスト中の鳥の名前をひとつ思い出せば，その参加者は少なくとも2つの別の鳥の名前を思い出せたのである。

　タルヴィング（Tulving, 1968）は名詞の基本単位（つまり単語）はより高次の単位（カテゴリー）へとまとめあげられていると主張している。そして，ある基本単位を想起するためには，高次の単位（カテゴリー名）が学習リストに含まれていない場合でも，まず高次の単位を想起する必要があるとするのである。この主張は，記憶へのアクセスが階層的な仕組みになっていることを示唆する。カテゴリー名が索引ラベルとして働き，「ある高次の単位に属する構成要素を検索することはその高次単位全体を検索することを意味する」と考えられる。したがって，高次の単位にアクセスするとそれに含まれる他の構成要素も同時にアクセス可能となるのである。これが手がかりが記憶を増進させる理由である。

　タルヴィングとソトカは，「構造化された学習リストの自由再生における逆向抑制は，情報の高次の単位が存在していても，記憶システムがそれにアクセスできなくなっている状態を意味している」と結論している。したがって，高次の単位（カテゴリーや手がかり）が与えられれば，逆向抑制は消失するのである。

考えてみよう

1. 「イントロダクション」で逆向抑制についての2つの説明があげられている。これら以外の別の説明が考えられるだろうか。
2. 結果の示し方について，どのような批判が考えられるだろうか。これは理解しやすい示し方だろうか。どうしたらよりわかりやすくなるだろうか。別の示し方を考えてみよう。
3. カテゴリーが「よほど無関心な参加者でもない限り，誰の目にも明白」だという表現はなぜ重要か。もし参加者の何人かが単語の属する高次のカテゴリーに気づかなかったら，結果にどのような影響があるだろうか。

4. 順序効果はどのようにして相殺されたか。
5. 順序効果以外に, どんな混交変数が存在するか。
6. 自由想起課題の前に手がかりのある想起課題を実施することはなぜできないか。
7. この研究では, 自由再生と手がかりのある再生は同じ参加者内で比較されている。ひとつの参加者群が自由再生を, 別の参加者群が手がかりのある再生を行って, 結果を比較するという構成は可能だろうか。こうした研究デザインの長所と短所は何だろうか。
8. 統制群のデータから, 想起成績の低下は挿入された学習リストのためで, 時間の経過による記憶の減衰のためでないといえるのはなぜだろうか。
9. 「リストにない単語が誤って想起されることはほとんどなかった」とあるが, これはなぜ重要か。もしこのような実験を自分でデザインするなら, この問題をどのように取り扱うだろうか。

文 献

引用文献

Ceraso, J. 1967 The interference theory of forgetting. *Scientific American*, **217**, 117-124.
Cohen, B.H., Bousfield, W.A., & Whitmarsh, G.A. 1957 *Cultural norms for verbal items in 43 categories*. Storrs: University of Connecticut.
Tulving, E. 1968 Theoretical issues in free recall. In T.R. Dixon, & D.L. Horton (Eds.) *Verbal behaviour and general behaviour theory*. Englewood Cliffs, NJ: Prentice Hall.
Tulving, E., & Madigan, S.A. 1970 Memory and verbal learning. *Annual Review of Psychology*, **21**, 437-484.
Tulving, E., & Psotka, J. 1971 Retroactive inhibition in free recall: Inaccessibility of information available in the memory store. *Journal of Experimental Psychology*, **87**, 1-8

推薦文献

Morris, C.D., Bransford, J.D., & Franks, J.J. 1977 Levels of processing versus transfer appropriate processing. *Journal of Verbal Learning and Verbal Behaviour*, **16**, 519-533.
Thomson, D.M., & Tulving, E. 1970 Associative encoding and retrieval: Weak and strong cues. *Journal of Experimental Psychology*, **86**, 255-262.
Tulving, E. 1979 Relation between encoding specificity and levels of processing. In L.S. Cermak, & F.I.M. Craik (Eds.) *Levels of processing in human memory*. Hillsdale,

NJ: Lawrence Erlbaum Associates.

訳者補遺
ロフタス, G.R.・ロフタス, E.F. 大村彰道(訳) 人間の記憶——認知心理学入門 東京大学出版会
バッドリー, A. 川幡政道(訳) 1988 記憶力——そのしくみとはたらき 誠信書房

文献検索のためのキーワード

手がかり依存型忘却（cue-dependent forgetting）
干渉（interference）
順向性（proactive）
逆向性（retroactive）

やってみよう──研究案

仮説　手がかりのある想起課題のほうが自由再生課題より多くの単語を想起できる。

参加者　友人の学生を小集団で実験する。

研究デザイン　繰り返し要因実験。
- タルヴィングとソトカに説明されているとおりに4種類の単語リストを作成する。単語はカードなどにきちんと書くこと。手がかりのある再生課題用の解答用紙にはカテゴリー名（手がかり）を書く。
- 参加者に1秒に1枚のペースで単語カードを見せる。各リストの提示の終了後，直後再生テストを行う。4つのリストすべての提示が終了したら自由再生テストを行う。次に10分間無関係な課題を行い，続いて用意した回答用紙を用いて手がかりのある再生課題を行う。
- オプション：2つの単語リストを学習する条件と4つのリストを学習する条件の2つの実験条件を設定する。
- オプション：統制条件を設定し，時間の経過のみで記憶が自動的に回復するわけでないことを示すのもよい。すなわち自由再生か手がかりのある再生かにかかわらず，2回目の記憶テストで成績がよくなるわけではないことを示す。この統制条件では，自由再生テストの前に無関係な課題を行うこと。
- 予備実験：タイミングのとり方や実験実施を練習するために何回かやってみるのもよい。

倫理的配慮
- インフォームド・コンセントを得るということを心に留め，だましたり不必要な苦痛を与えることをさける。秘密を守り，参加者全員にきちんとデブリーフィングし，データの公表を拒否する権利を保証すること。

実験の統制
・単語の頻度の統制（付録Ⅰの単語リスト参照）。
・順序効果を相殺するためにリストの順番を系統的に変化させること。
・複数の実験条件。
・参加者を各条件へランダムに配分すること。
・標準化された教示と実験条件。

実験材料
・単語のリスト。
・カテゴリー名を記載した手がかりのある再生課題用の回答用紙。
・標準化された教示文とデブリーフィング用のメモ。

データ分析
・記述統計：平均値，明確なタイトルのついた表や図。
・差の検定：自由再生課題と手がかりのある再生課題の間で参加者の想起単語数を比較する。
・オプションの2つの実験条件を用いる場合は，2×2の分散分析。リスト数（参加者間要因）×再生課題の種類（参加者内要因）。

ワーク6 文法の規則を学ぶ

研究の概要

この研究は，子どもたちが文法規則を新しい状況にどのように応用するかについて調べたもので，文法規則を形成し利用するという人間のもつ生得的な傾向を示唆している。追試のためには子どもと成人の参加者が必要で，刺激図版を制作しなくてはならない。実験は一度にひとりの参加者に実施する。倫理的，方法論的なポイントは，実験に子どもの参加者を用いるという点である。

イントロダクション

スキナーに代表される行動主義的な言語獲得の理論は，すべてのボキャブラリーと文法は模倣と選択的強化（シェイピング）によって学習されると考えた。これに対して1950年代にチョムスキーは，生得的な「言語獲得装置（Language Acquisition Device, LAD）」という革命的な概念を提唱した。彼によれば，言語は言語環境のなかで経験を積むことによって学習されるが，それは人間が言語的なインプットを文法規則にそって構造化する生得的な能力をもって生まれてくるからこそ可能なのである。

チョムスキーのLAD（言語獲得システム Language Acquisition System, LASとも呼ばれる）という考えを支持する証拠は多い。ひとつのよい例は，ニカラグアの聾唖児における手話の発達である（Pinker, 1994より）。サンディニスタ革命政府が1979年にニカラグアの教育制度改革を行ったとき，聾唖児のための学校が初めて設立された。それまでは聾唖児が一緒に生活することはなかった。この聾唖学校で，児童は遊び時間に彼ら自身の手話のシステムを発明した。こ

の手話は非常に急速に広まり，LSN（Languaje de Signos Nicaraguense）と呼ばれるようになった。LSNは優れた意思伝達システムであったが，本当の意味での言語ではなかった。なぜなら，文法，すなわち規則の体系を欠いていたのである。しかし，4歳前後の聾唖児たちがこのLSNを学ぶと，彼らはLSNをさらに豊かで形式のあるものに発展させ，それは文法をもつようになったのである。この言語はISN（Idioma de Signos Nicaraguense）と呼ばれるようになった。

　どのような生得的なシステムでも，用いられなければしだいに衰えてしまう。したがって，年長の聾唖児たちが文法を備えた言語を獲得できなかったのは，言語獲得の臨界期を過ぎていたからなのであろう。一方，年少の子どもたちは十分に機能するLADをもっており，それによって非文法的なインプット（LSN）から新たに文法をもった言語（ISN）を作り出すことができたのである。

キースタディ——バーコ「子どもの英語の語形規則学習」

　チョムスキーの仮説を支持する証拠はバーコ（Berko, 1958）の初期の研究にも見られる。この研究で彼女は，子どもは行動主義者のいうように単に聞いたことばを模倣するのではなく，文法規則を学び，それを用いて新たな文法的に正しい表現を生成することを示したのである。

　バーコは語素の構成規則（語形規則）に注目した。語素とは意味を構成する言語学的な最小単位である。たとえば"toes"は"toe"と"s"の2つの語素からなっており，2番目の語素は複数形を指示する。

　研究のテーマは「子どもは語形規則をもっているか」である。子どもを参加者として，一度も聞いたことのない新奇な語に対して語形規則を応用させる実験を実施することで，この問題を検討した。

方　法

参加者

　英語を母国語とする参加者を用いた。子どもの成績を比較する基準を得るために12人の成人参加者も参加した。子どもの参加者は男女あわせて全部で56人で，そのうち10人が就学前児童（4歳と5歳），46人が小学生（5歳半から7歳

まで）であった。

研究デザイン

知っている語と知らない語（無意味語）をカードにして参加者に見せ，それぞれの語について文を完成させるように求めた。この方法によって特定の語形規則を応用する能力を検討した。

テストした語形規則は以下のとおりである。

1. 複数形：図6.1のような絵を見せる。「これは wug です。もう1匹来ました。2匹になりました。」と説明し，There are two _____. に答えさせる。用いた語は glass, wug, lun, tor, heaf, cra, tass, gutch, kazh, nizz であった。
2. 進行形：鼻の上にボールを乗せてバランスをとっている人の絵を見せる。「この人は zib が上手です。この人は何をしているのでしょう？」と尋ね，He is _____. に答えさせる。
3. 過去形：何かをぶらぶら揺らしている人の絵を見せる。「この人は rick が上手です。彼は rick しています。昨日も同じことをしました。この人は昨日何をしたでしょう？」と尋ね，Yesterday he _____. に答えさせる。
4. 三人称単数形：何かを振り回している人の絵を見せる。「この人は naz が上手です。彼は naz しています。彼は毎日やります。」と説明し，Every day he _____. に答えさせる。lodge という語も使用した。
5. 単数形と複数形の所有格：帽子をかぶった動物が1匹いて，そこにもう1匹来るという絵を見せる。「この niz が帽子の持ち主です。これは誰の帽子ですか？」と尋ね，It is the _____ hat. に答えさせる。「さて今度は2匹の niz がいます。どちらも自分の帽子の持ち主です。この2つの帽子は誰のでしょう？」と尋ね，They are the _____ hats. に答えさせる。wug, bik も使用した。
6. 複合形：鼻の上にボールを乗せてバランスをとっている人の絵を見せる。「この人は zib が上手です。zib をするのが仕事の人を何と呼びますか？」と尋ね，_____. に答えさせる。

参加者に全部で27枚のカードを「まぜこぜの順番」で提示した。

さらに，参加者に football のような複合語について質問し，なぜ football は football というのかについて説明させた。使用した複合語は，afternoon, aero-

ワーク6 文法の規則を学ぶ　　　49

```
これはwugです。

もう1匹来ました。
2匹になりました。
2匹の＿＿＿がいます。
```

図6.1　バーコ（Berko, 1958）の研究で用いられたカード例。このカードは，複数形を作る構成規則の知識をテストするもの。

plane, birthday, breakfast, blackboard, fireplace, handkerchief, holiday, merry-go-round, newspaper, sunshine, Thanksgiving, Friday であった。

手続き

子どもに実験者を紹介し，これから何枚かの絵を見てもらうと説明した。実験者は絵を見せ，説明を朗読した。子どもの回答は口頭で行われた。

実験全体には子どもひとりにつき10分から15分かかった。課題のやり方を理解できなかった子どもはひとりもいなかった。子どもたちは，新しいことばについて勉強しているつもりになっているようであった。

結　果

一般に女児のほうが男児よりも言語的な能力に優れているとされるが，バーコの結果では男女差は認められなかった。

表6.1に結果の一部が示されている。有意性はχ^2検定によって検定された（頻度が低いデータのため，ここではイエーツの修正法が用いられている。しかしこれは現在ではよい方法ではないとされている）。全体のパターンとしては，年長の児童はより多くの「正解」を答えており，期待どおりである。しかし一

表6.1 いくつかの項目における年齢による違い

成人の一致した答	正答の%		正答の平均%	有意差水準
	修学前児	修学児		
glasses	75	99	91	0.01
wugs	76	97	91	0.02
tasses	28	39	36	ns
zibbing	72	97	90	0.01
binged	60	85	78	0.05
glinged	63	80	77	ns
melted	72	74	73	ns
motted	32	33	33	ns
wug's	68	81	84	ns
bik's	68	95	87	0.02
wugs'	74	97	88	0.02
biks'	74	99	93	0.01

方で，年長児童でもまだ多くの規則を習得していないこともわかる。

どちらの年齢群でも，実際の語である glasses のほうが存在しない語である tasses よりも成績がよかった。これは参加者が模倣にいくらか依存して回答していることを示している。glasses という回答をするときには glass に -es という複数形語尾を適用しているというより，以前聞いたことのある glasses という語をそのまま再生していると考えられるからである。しかし年長児童のほうがわずかに tasses の成績がよいという事実は，年長児童が複数形の規則を習得しつつあることを示唆している。しかし tasses では年齢の違いは有意ではなかった。

melted と motted の比較にも同じことが当てはまる。どちらの年齢群でもこの2つに関しては同じ程度の成績で，どちらの群でも存在しない語である motted のほうで成績が有意に低い。

zibbing については，年長児童のほうが成績がよいことがわかる。実際，この年齢群のほとんどすべての参加者が zib の進行形を構成できている。zibbing は，binged の構成より有意（5％水準以下）に成績がよいのである。この事実は，進行形の規則は過去形の規則よりも早期に習得されることを示唆している。

gling という不規則動詞のような響きのある語は，子どもより成人の参加者を混乱させている。成人群では75％が gling の過去形を glang か glung と答えており，これは「ing で終わる動詞のほとんどは不規則動詞である」という成人のもつ高度な知識を反映している。一方子どもはほとんどが自信をもって glinged と解答しており，glang と答えたのはひとりだけであった。

複合語と最上級（the -est）に関してもいくつかの重要な結果があるが，ここでは取り上げない。

考　察

バーコは，「もし言語の知識というものが多くの記憶した語の集積以上のものでないなら，子どもの参加者はそもそもこの実験での質問に回答するのを拒否したに違いない」とコメントしている。子どもがこれらの質問に回答しようと試みたという事実は，新たな語形を構成するための一般的な概念の存在を示しているのである。

これらの証拠は，子どもの語形規則の把握には，一貫した発達的プロセスが存在することを示している。子どもはたまに出会う新奇なパターンをモデルにして新しい語の概念を形成するのではなく，きわめて一般的で標準的な規則を新しい語に適用しているのである。

考えてみよう

1. カードが「まぜこぜの順番」で提示された理由は何だろうか。
2. 「まぜこぜの順番」をある基準にしたがってきちんと決定するにはどうしたらよいだろうか。
3. この研究で男児と女児の数をそろえることはなぜ重要か。
4. より年長の児童も対象とすれば，もっと多様な反応が得られるかもしれない。何歳くらいの年齢層がよいと思われるか。その理由は。
5. 複合語に関する部分は省略されているが，複合語の研究は語形規則の獲得についてどのような示唆を与えていると考えられるか。
6. この研究がいわゆる「自然の行った実験」なのはなぜだろうか。
7. 子どもを対象とする研究では倫理的な配慮について特に十分に注意する必要がある。この研究ではどのような倫理的問題が重要だろうか。
8. 子どもを参加者に用いることには方法論的問題も存在する。たとえば実験者のバイアスに影響されやすいことなどである。この研究で，こうしたバイアスを生じていたと考えられるだろうか。
9. この研究の結果は，子どもがしだいに文法規則を獲得し，それを応用するようになるということの証拠であるとバーコは示唆している。これとは異なる説明が考えられるだろうか。

10. バーコの研究が生得的な言語獲得装置という考えを支持するものとなっているのはなぜだろうか。

文　献

引用文献

Berko, J. 1958 The child's learning of English morphology. *Word*, **14**, 150-177.
Pinker, S. 1994 *The language instinct*. New York: William Morrow & Co.（椋田直子(訳)　1995　言語を生みだす本能　上下　日本放送出版協会）

推薦文献

Brown, R., Cazden, C., & Bellugi, U. 1969 The child's grammar from I-III. In J.P. Hill (Ed.) *Minnesota symposia on child psychology*, Vol.2. Minneapolis: University of Minnesota Press.
Brown, R. 1965 *Social psychology*. New York: The Free Press, Chapter 6 に，この論文がわかりやすく解説されている。

訳者補遺

クラーク，H.H.・クラーク，E.V.　藤永保他(訳)　1986-87　心理言語学：心とことばの研究　上下　新曜社
ミツ・ロナ(編)　三宅徳嘉他(訳)　1980　チョムスキーとの対話：政治・思想・言語　大修館書店

文献検索のためのキーワード

語形規則（morphology）
言語獲得（language acquisition）
LAD
模倣（imitation）
文法（grammar）

やってみよう——研究案

仮説　年長児は年少児よりもうまく語形規則を応用できる。

参加者　就学前児童と8歳くらいの児童の2つのグループ。何人かの成人を「正解」を決めるために用いる。

研究デザイン　独立要因を含む「自然実験」。
・有意味語または無意味語を書いたカードから構成される刺激材料と，穴埋め問題用の文を制作する。バーコの用いた例を使用してもよい。
・教示や刺激提示の順序などの標準化された手続きを確立する。提示順序は参加者ごとに変え，順序効果を相殺すること。
・実験手続きを練習するために何度か予備実験を行うのもよい。

倫理的配慮
・子どもを対象とするので，両親や子どもの所属する学校からインフォームド・コンセントを得なくてはならない。子どもの所属する学校の教師と前もって手続きについて話し合うこと。子どもの参加者が決して不快感を経験しないように配慮すること。
・実験終了後に関係者全員にデブリーフィングをし，データの公表を拒否する権利を保証すること。

実験の統制
・順序効果を相殺するために刺激カードの提示順を参加者ごとに変える。
・新奇な語（無意味語）を独立変数として用いる。
・標準化された教示と実験条件。

実験材料
・刺激カード。
・実験を両親に説明してインフォームド・コンセントを得るための手紙。
・標準化された教示文とデブリーフィング用のメモ。

データ分析
- 記述統計:平均値,明確なタイトルのついた表や図。
- 関連性の検定:2×1 の χ^2 検定を用いて,年長児と年少児の間で正解率を比較する。それぞれの語について別々に行う。
- オプション:2×2 の分散分析。年齢(年少・年長,参加者間要因)×語の種類(知っている語・新奇語,参加者内要因)。分散分析を行うときの従属変数は,上の関連性の検定で用いた各年齢群での正解頻度(各グループ内で何人正解したかという意味での正解率)ではなく,知っている語・新奇語のそれぞれで各参加者が正解した割合(各参加者が何語正解したかという意味での正解率)を用いる。

ワーク 7
知覚の構え

研究の概要

この実験は，単語の知覚が前もって形成された期待（構え＝セット）に影響されることを示したものである。ひとつの参加者群は動物の名前を，別の群は交通手段の名前を期待するように「構え」が作られる。それぞれの群の参加者は，期待しているものをより知覚しやすい傾向を示した。追試のためには，刺激語を短時間提示して参加者の反応を記録する必要がある。倫理的なポイントは「だまし実験」の問題である。

イントロダクション

「構え」とは，何かを準備完了状態にしたり固定したりすることを意味する。構えの概念は心理学のあらゆる分野に見いだすことができる。たとえば認知的構え，動機的構え，知覚的構えなどである。これらの構えは，人の行動にバイアスを与えるような期待を形成する。こうした期待は内発的な原因で生ずることもある。たとえば，あいまいな単語は空腹時には食物に関係する語として知覚されやすくなる（Sanford, 1936）。また期待は文脈のような外的な手がかりによって生ずることもある。たとえばブルーナーとミンターン（Bruner & Minturn, 1955）は，13というあいまいな図形が，数字のリスト内では13，アルファベットのリスト内ではBと解釈されることを示した。

期待は過去経験の結果として生ずる場合もある。たとえばブーゲルスキーとアランペイ（Bugelski & Alampay, 1961）は，参加者に動物あるいは人間の絵のリストを提示し，最後にネズミにも人の顔にも見える多義的な絵を提示した。

参加者のほとんどは提示リストによって形成された構え（動物あるいは人間）に合致するように多義的な絵を解釈した。これに続いて，動物リストを提示した参加者には人間のリストというように最初とは反対のリストを提示して，再び多義的な絵の解釈を求めると，一度目の解釈は変更されなかった。つまり最初の知覚的解釈はその後の経験によって変更されなかったのである。

キースタディ──シーポラ「予期的構えの効果に関する研究」

　シーポラ（Siipola, 1935）の行った実験は，知覚的構えの効果についての大学の講義用デモ実験として最適である。仮説は，構えが「選択可能な反応」のうちのどれを選ぶかに影響するということである。
　第2実験ではひとつの状況で確立した構えが別の状況へと持ち越されるかどうかを調べている。

方　法

参加者
　6つの実習クラスの受講生で，合計で180人。

第1実験のデザイン
　参加者に単語のリストを提示する。単語はスクリーンに0.1秒間提示され，その後の短い時間内に参加者はその単語を記録する。カテゴリーは「動物と鳥（A-B）」と「旅行と交通手段（T-T）」である。使用した単語は以下のとおりである。

　　・練習用に ink, pillow
　　・単語リスト：horse, baggage, chack, sael, wharl, monkey, pasrot, berth, dack, pengion

　単語リストのうち4語は実際の語，残りの6語はあいまい語である。あいまい語は（A-B）にも（T-T）にも解釈可能である。たとえば dack は duck（A-B）にも deck（T-T）にも見える。実際の語をリストに入れたのは，実際

の語を判断していると参加者に信じさせるためである。構えは各参加者に与えた教示（以下を参照）によって形成された。

手続き

グループAに配布した教示は以下のとおりである。

> 10個の単語がスクリーンに提示されます。提示時間は非常に短いので，気をつけてスクリーンを見ていてください。課題に慣れるために，最初の2つの単語で練習をします。受講生の何人かは「何も知らないグループ」に割り当てられていて，どんな単語が提示されるかまったく知りません。あなたは「知識のあるグループ」に割り当てられているので，単語についての情報をお知らせします。これから提示する単語のほとんどは動物か鳥に関係あります。この手がかりによって自分自身に適切な「構え」をつくって，できるだけ多くの単語を知覚できるようにしてください。「何も知らないグループ」に単語についてのヒントを与えてはいけないので，答を声に出したり単語について質問したりしないでください。回答は，この紙の下の部分に見た順番で記入してください。

グループTにも同一の教示を与えたが，「提示する単語のほとんどは動物か鳥に関係あります」の部分が「旅行か交通手段に関係あります」となっていた。

すべての参加者は「何も知らないグループ」が存在すると信じさせられたが，実際は全員が「知識のあるグループ」であった。この手続きによって，参加者全員は「かわいそうな何も知らないグループ」に優越感を感じつつ「誇り高き沈黙」を守ることになる。

第2実験のデザイン

実験1の終了に続いてしばらく緩衝課題を行った後，参加者は20個の単語の穴埋め問題（表7.1参照）を行った。それぞれの穴埋め問題には複数の正解が存在するが，正解のなかには必ずA−BあるいはT−Tの単語が含まれていた。問題の大部分は少なくとも10種類の正解があり，いくつかは20種類以上の正解があった。

穴埋め課題の教示は以下のとおりである。

この紙の下の部分に，文字の欠けた単語が20個書いてあります。あなたの課題は，欠けた文字を埋めて正しい単語（人の名前や俗語は除く）を作ることです。それぞれの問題では最初に思いついた答だけを記入し，20個の問題にできるだけ早く回答してください。鉛筆はそれぞれの問題の答を思いついてそれを

表 7.1　刺激語と正解例

	A-B	T-T		A-B	T-T
－o a t	goat	boat	－i－e r	tiger	liner
s－－l	seal	sail	p o－－	pony	port
－－－s e l	weasel	vessel	－－e r	deer	pier
s－－－p	sheep	sloop	w h a－－	whale	wharf
－r－－s e	grouse	cruise	－a b l e	sable	cable
d－c k	duck	deck	h o－－－	horse	hotel
m a－－	mare	mast	－a r e	hare	fare
－u l l	bull	hull	－－u n k	skunk	trunk
－－b i n	robin	cabin	c h－c k	chick	check
－a－o o n	baboon	saloon	－－－t e r	setter	porter

記入するときだけ用い，答以外は一切書かないでください。この課題はスピードの検査なので，できるだけ早く文字を埋めていってください。

結　果

実験 1 の結果は図 7.1 と 7.2 に示してある。これらの結果から，参加者が形成された構えに従ってあいまいな単語を解釈し，あいまいな単語の知覚が構えに影響されたことが明らかである。実際に回答された単語は表 7.2 を参照されたい。

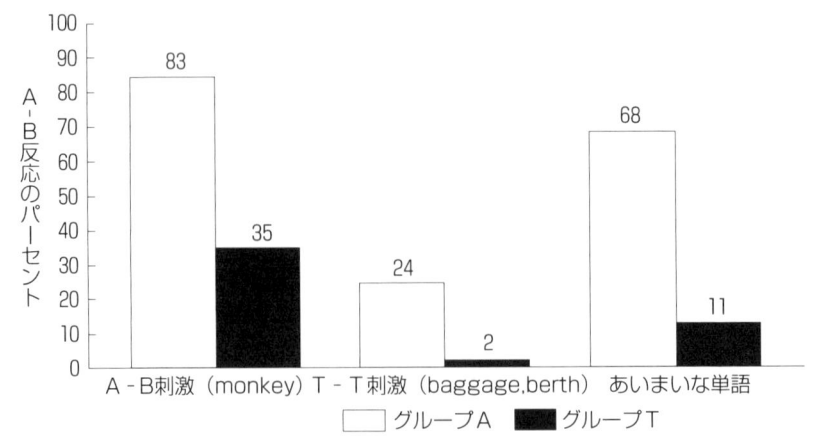

図 7.1　それぞれの種類の単語における A-B 反応のパーセンテージ

ワーク7　知覚の構え

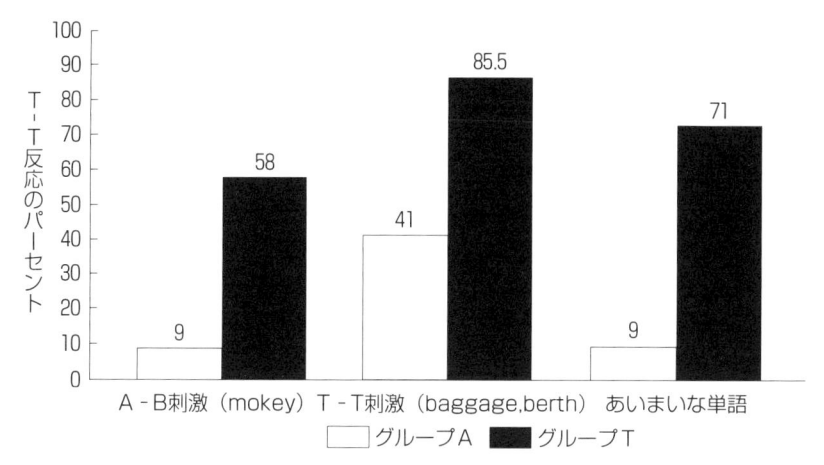

```
   100
    90                    85.5
    80
T   70                              71
-   60      58
T   50
反  40          41
応  30
の  20
パ  10    9                    9
｜   0
セ      A-B刺激（mokey） T-T刺激（baggage,berth） あいまいな単語
ン          □ グループA   ■ グループT
ト
```

図7.2　それぞれの種類の単語におけるT-T反応のパーセンテージ

表7.2　刺激単語に対する最頻反応

グループA			グループT	
horse	horse(66)		horse(65)	
monkey	monkey(63)	money(7)	money(43)	monkey(28)
baggage	baggage(22)	badger(16)	baggage(54)	
berth	berth(42)		berth(71)	
chack	chick(39)	chuck(13)	check(51)	
sael	seal(45)		sail(28)	seal(16)
wharl	whale(59)	wharf(13)	wharf(46)	wheel(12)
pasrot	parrot(59)		passport(42)	parrot(20)
dack	duck(64)		deck(47)	dock(24)
pengion	pinguin(38)	pinsion(11)	pension(43)	penguin(7)

注：各グループの最大値は80である。この表には8回以上あった反応のみが示されている。

　第2実験では，グループAのA-B反応はグループTの3倍で，グループTのT-T反応はグループAの4倍であった。

考　察

　この実験は，構えが期待を形成し，それが不完全なデータの知覚に影響することを示している。あいまいではない実在する単語も構えに影響を受けているが，これも提示時間が短いために情報があいまいで不完全になったためである。構えの効果は第2実験でも持続している。

構えによって形成されるバイアスは認知的な活動にとって必要なものである。なぜなら，それによって不完全なデータの処理という知覚にとって不可避的な問題に対処することが可能になるからである。われわれの頭部は常に動いているために，網膜に到達する情報は不完全なものである。また水晶体の歪みや光受容体をさえぎっている他の細胞のために，網膜像は少しぼやけている。また視束乳頭（眼球から視神経が出ていく部分）には盲点があり，それは高次の知覚プロセスによって補完されなくてはならないのである。

考えてみよう

1. 練習用の単語を使ったのはなぜだろうか。これらは必要だろうか。
2. 標準化された教示のなかで，参加者は実験の目的についてウソを告げられている。これは必要あるいは望ましいことと思うか。
3. 第2実験開始前に行った緩衝課題の目的は何だろうか。これは役に立つ技法だろうか。これも一種の「だまし」とみなせるだろうか。
4. 参加者をだますために他にどのような技法が用いられているか。
5. どのような混交変数がこの実験に影響していると考えられるか。
6. 第2実験で，参加者は鉛筆を答以外を書くのに用いてはならないと教示された。なぜだろうか。
7. 第2実験の結果には図が使われていない。図で表したほうが結果が理解しやすかったと思うか。どのような図を用いたらよいだろうか。
8. シーポラの論文では統計計算は使われていない。どのデータにどういう統計検定が使えるだろうか。その理由は。
9. この結果を異なった視点から説明することは可能だろうか。
10. これらの結果には生態学的（実生活上の）妥当性があると思うか。

文 献

引用文献

Bruner, J.S., & Minturn, A.L. 1955 Perceptual identification and perceptual organisation. *The Journal of General Psychology*, **53**, 21-28.

Bugelski, B.R., & Alampay, D.A. 1961 The role of frequency in developing perceptual sets. *Canadian Journal of Psychology*, **15**, 205-211.

Sanford, R.N. 1936 The effect of abstinence from food on imaginal processes. *Journal of Psychology*, **2**, 129-136.

Siipola, E.M. 1935 A study of some effects of preparatory set. *Psychological Monographs,* **46**, series 210, 27-39.

推薦文献
Bruner, J.S., & Postman, L. 1949 On the perception of incongruity: A paradigm. *Journal of Personality,* **18**, 206-223.
McGinnies, E. 1949 Emotionality and perceptual defence. *Psychological Review,* **56**, 244-251.

訳者補遺
アンダーソン, J.R. 富田達彦他(訳) 1982 認知心理学概論 誠信書房

文献検索のためのキーワード

構え（セット）(set)
知覚セット（perceptual set）
あいまいさ（ambiguity）
知覚（perception）
感覚情報の変換（sensory transduction）
トップダウン処理（top-down processing）

やってみよう――研究案

仮説　参加者は，前もって形成された「構え」に対応したカテゴリーの単語を，それ以外の単語よりもよく知覚する。具体的には，実在の単語とあいまいな単語からなるリストを知覚するとき，動物の名前を期待する参加者は交通手段の名前を期待する参加者よりも，多くの動物の名前を報告する。

参加者　誰でも可。

研究デザイン　独立要因実験。
・実在の単語とあいまいな単語からなる構えを，自分で作るかシーポラから借りてくる。OHP用の透明シートを使って刺激を作れば実験の集団実施ができる。個別に実施するならカードを使う。
・参加者の気をそらすための緩衝課題を構成する。
・ランダム化の方法を用いて参加者を2群に分ける。
・複数の判定者が回答を動物・交通手段・どちらでもない，に分類する。

倫理的配慮
・この実験はディセプションを含むので，デブリーフィングに細心の注意を払い，事後にインフォームド・コンセントを得る機会を提供すべきである。
・不必要な不快感を与えないよう注意し，秘密を厳守し，参加者のデータの公表を拒否する権利を保証すること。

実験の統制
・頻度を統制した単語リスト。
・異なる実験条件。
・参加者をランダムに各条件に配分すること。
・緩衝課題。
・単純盲検法。
・回答の分類を複数の判定者が独立して行うこと。
・標準化された教示と実験条件。

実験材料
・OHP シートかカードに書いた刺激単語。
・刺激提示時間を測定するストップウォッチ。
・回答用紙。
・標準化された教示文とデブリーフィング用のメモ。

データ分析
・記述統計：平均値，明確なタイトルのついた表や図。
・独立要因の関連性の検定：2×2 の χ^2 検定を行い，各グループで動物と交通手段のうちどちらの反応が多いかを検定する。反応（動物・交通手段）×グループ
・オプション：実在語とあいまい語それぞれで 2×2 の表を作って検定する。あるいはそれぞれの語ごとに検定する。

ワーク 8
子どもの本に描かれたジェンダー

研究の概要

内容分析（content analysis）[訳注：もともとはカテゴリーを用いてテキストを分析する方法として発達したもの]によって，ジェンダーについて私たちがもっている社会的信念（表象）を明らかにする。子どもの本に描かれたイラストを利用して，モノ文化の社会的信念——つまり，女性は家事をし，男性は生産に携わるためにモノを使う——を示す。追試は，2人の判定者による子どもの本の内容分析をする。データの収集は時間がかかるが，参加者を直接集める必要はない。

イントロダクション

　私たちの環境の一部は，人間自身が作ったものである。それらは文化的信念によって作られ，使われる。こうした環境の要素やそれらを作ったり使ったりする過程を「モノ文化」と呼ぶ。モノ文化に与えられた意味は，社会的表象といえる。社会的表象は，自分たちを取り巻く世界を人がどのように捉えているかを表わすものである。これは，メディア，親，友だちを通して学習されるような社会的に伝達される信念に基づいている。これらの信念は，私たちが物を捉えるときのバイアスとなる。

キースタディ——クラブとビーロウスキ「子どもの本に描かれたモノ文化の社会的表象とジェンダー」

　クラブとビーロウスキ (Crabb & Bielawski, 1994) は，モノ文化における物がジェンダーの標識をもつ（つまり人形は女の子，おもちゃのトラックは男の子というように）ことに焦点を合わせた。彼らは，物がどちらのジェンダーの標識をもつかは，連合 (association) によって決まると考えた。昔から女性は家事に従事してきたので，家庭内の物とくっつけられ，こうした物は，女性の標識をもつようになった。これが社会的表象である。

　しかし，ここ30年ほどの間に，多くの女性たちが家庭外で働くようになった。女性は以前よりも家庭的でない物と連合されるようになってきたかもしれない。そこで，モノ文化の社会的表象に変化が生じていると考えられるだろう。

　社会的表象を明らかにするひとつの方法は，子どもの本を調べることである。特に，イラストが役立つ。なぜならこうしたイラストは，本の登場人物がどのようにモノ文化を扱うかについて，明確な情報を与えてくれるからである。

　クラブとビーロウスキは，次の5つの予測を立てた。

仮説1：家事にかかわる物を用いている女性の登場人物の割合は，男性の登場人物のその割合よりも大きい。
仮説2：生産にかかわる物を用いている男性の登場人物の割合は，女性の登場人物のその割合よりも大きい。
仮説3：労働のためでなく個人的使用のために物を用いている女性と男性の登場人物の割合は，それほど違わない。
仮説4：家事にかかわる物を用いている女性の登場人物の割合は，時代が変わってもあまり減少しない。
仮説5：生産にかかわる物を用いている女性の登場人物の割合は，時代とともに増加する。

方　法

サンプル
1938年〜1989年に刊行されたアメリカの幼児用の本のイラストが用いられた。

すべてコルデコット賞［訳注：アメリカで毎年最優秀の絵本作家に贈られる賞］の受賞作品である。賞を得たという事実から，これらの本が広く受け入れられており，社会の見方を代表しているといえるだろう。

イラストは，少なくともひとりの登場人物がひとつの物——つまり，何かをするために人間が作った物——を使っている絵が選ばれた。ジェンダーも事物もあいまいであってはならない。人間以外のキャラクターも含まれていた。

サンプル数を制限するため，建造物，衣類，宝石，眼鏡を含むイラストは除外して，まず1613のサンプルが得られた。それをさらに，「比例化サンプリング手続き」によって絞り込んだ。つまり，男性と女性のイラストの割合が全体と同じになるように残し，また，どの出版年からもイラストが得られるようにした。最終的なサンプルは，300のイラストであった。

参加者

心理学コースの学部学生から2名の「伝統にとらわれていない白人の女性」が判定者として参加した。彼らは，研究の仮説については研究が終わるまで知らされなかった。

研究デザイン

使用されたカテゴリーは以下のように定義された。
- 家事にかかわる物：家庭内で，食事の準備，洗濯，修繕，家族の世話，手仕事などに用いられる人工物。
- 生産にかかわる物：家庭外で，建設，農業，交通，その他あらゆる家庭外の仕事に用いられる人工物。
- 個人的に用いられる物：身を整えたり，環境から身を守ったり，余暇のために使われる物など，労働に用いられるのではない，使用者個人のための人工物。

手続き

判定者は独立に判定を行い，それぞれのイラストを3つのカテゴリーのどれかに分類するよう求められた。判定者間の一致は0.77で，高い一致とみなされた。判定者間に不一致があった場合は，硬貨を投げて一方の判定者の判定を優先させた。

判定後のデブリーフィングから，判定者は仮説に気づいていなかったことがわかった。

結 果

物の使用には，大きな性差がみられた（図8.1）。

仮説1：家事にかかわる物を使うときには女性が描かれていることが多かった（1標本比率検定(注1)を用いると，$z=+5.68$, $p<.0000001$(注2)，片側検定）。1標本比率検定が選ばれたのは，このサンプルの男女比は母集団全体の比率と同じためである。

仮説2：生産にかかわる物を使うときには男性が描かれていることが多かった（$z=+5.88$, $p<.0000001$, 片側検定）。

仮説3：個人的に用いられる物の使用では，男性と女性の違いはわずかで，有意ではなかった（$z=+1.31$, $p>.20$, 両側検定）。

仮説4：家事にかかわる物を使うのに女性が描かれることは，時代が変わっ

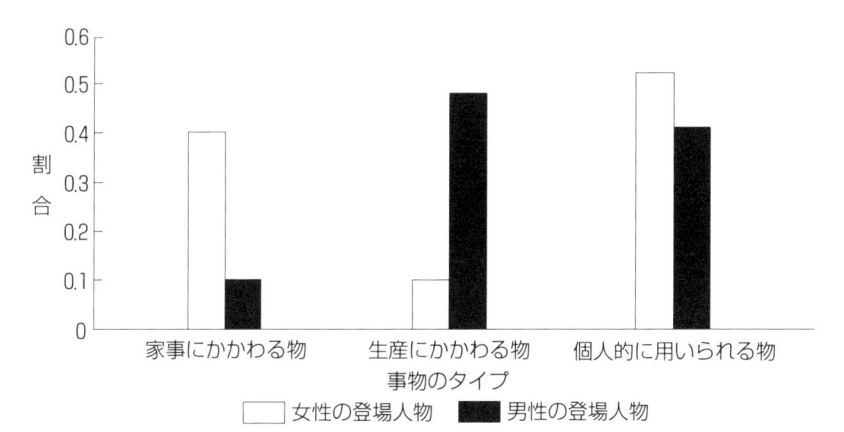

図8.1　女性登場人物と男性登場人物それぞれの事物タイプ別の割合
出典：Crabb & Bielawski (1994)

注
1　この検定は，付録Ⅱに説明されている。
2　クラブとビーロウスキ（Crabb & Bielawski, 1994）は，この水準の有意性を報告している。通常は小数点以下2桁で十分である。

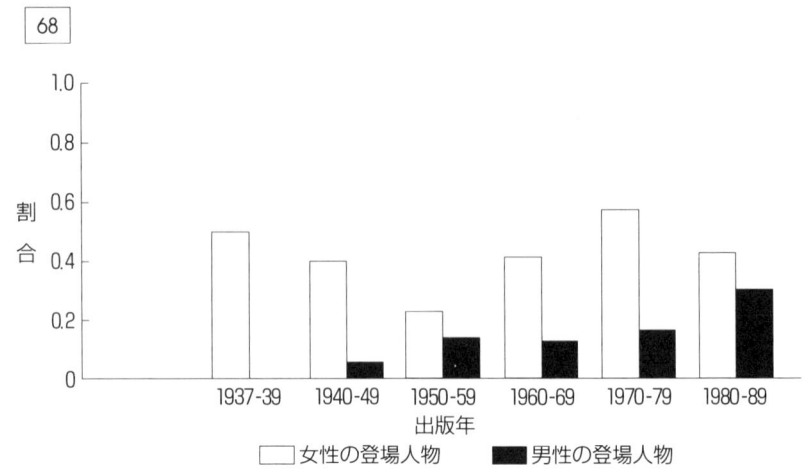

図 8. 2　家事にかかわる物を使用している女性登場人物と男性登場人物それぞれの出版年代別の割合
出典：Crabb & Bielawski（1994）

てもその割合が減少しているということはなかった（$z=+0.35, p>.37$, 片側検定）。家事にかかわる物を使うのに男性が描かれることが増加した（$z=+4.04, p<.0001$, 両側検定）。これらのデータは図 8. 2 に示してある。

仮説 5：生産にかかわる物を使うのに女性が描かれることは，予期されたような増加はみられず，有意ではないが，ごくわずかにその割合が減少していた（$z=-1.06, p>.15$, 片側検定）。

考　察

結果は，およそ 3 つの世代にわたって，ジェンダーとモノ文化の表象が安定していることを示している。家事にかかわる物を用いるのに男性が描かれる点で，わずかな変化が見られたが，全体としてみれば変化はほとんどなかった。これは，「文化的なズレ（cultural lag）」(訳注)として解釈できるかもしれない。

訳注　現実社会の変化に比して文化的変化が遅れて現れることをさしている。

考えてみよう

1．用いたサンプルについてどう思うか。社会的表象を適切に反映しているだろうか。

2. 子どもの本のイラストが，どの程度モノ文化の社会的表象の証拠となると思うか。
3. 人間でないキャラクターも加えたことは適切だと考えるか。
4. 「比例化サンプリング手続き」とは何か。
5. 判定者は研究仮説については「知らなかった」。もし，そうでなかったら，研究結果にどのような影響があっただろうか。
6. 研究仮説について判定者が「知らなかった」ことをどのようにチェックできるだろうか。
7. 判定者の性別は重要だったと思うか。どのように？
8. クラブとビーロウスキのカテゴリーによって分類できない物があるだろうか。
9. 結論は，時代を超える有意な変化は見られなかったというものだった。これが図8.2に示されていることから読みとれるすべてだと思うか。
10. この研究は興味深い，もしくは有意味なものだと思うか。ここでの発見をどのように応用できるだろうか。誰が興味をもつだろうか。
11. ジェンダーについてのどのような心理学的理論が考察（あるいはイントロダクションの部分）に関係するだろうか。

文 献

引用文献

Crabb, P.B., & Bielawski, D. 1994 The social representation of material culture and gender in children's books. *Sex Roles*, **30**, 69-79.

推薦文献

Graebner, D.B. 1972 A decade of sexism in readers. *Reader Teacher*, **26**, 52-58.
King, N.R. 1991 See baby play: Play as depicted in elementary school readers, 1900-1950. *Play and Culture*, **4**, 100-107.
Weitzman, L.J., Eifier, D., Hokada, E., & Ross, C. 1972 Sex role socialization in picture books for preschool children. *American Journal of Sociology*, **77**, 1125-1150.

訳者補遺

青野篤子・森永康子・土肥伊都子　1999　ジェンダーの心理学　ミネルヴァ書房
伊東良徳・大脇雅子・紙子達子・吉岡睦子　1991　教科書の中の男女差別　明石書店
森本エリ子　1998　ジェンダーを再生産する文学教材：自我形成期の子どもたちが読み取るもの　女性学　**6**, 101-110.

崎田智子　1996　英語教科書の内容分析による日本人の性差別意識の測定　実験社会心理学研究　**36**, 103-113.

文献検索のためのキーワード

児童書（Children's books）
ジェンダーステレオタイプ（gender stereotypes）
モノ文化（material culture）
人工物（artefacts）
ジェンダーの発達（gender development）
ジェンダーバイアス（gender bias）
社会的表象（social representation）

やってみよう——研究案

仮説　この研究の仮説1～5。

参加者　2人の判定者。

実験デザイン　児童書の内容分析。
- 地域の図書館に行き，幼児用の絵本を2冊，サンプルとして選択する。ひとつは最近の本で，もうひとつは古い本とする。どんな本が適切か注意深く考えなければならない。というのは，本によってはジェンダーに関連する物の絵がない場合もある。人について書かれている本を単純に選んでもよい。パイロットスタディをするのに役立つだろう。
- イラストを比例化サンプリングによって選ぶ。
- 判定者に標準化した教示を与える。それぞれのイラストについて，判定者は誰が使うのかを決定し，そのジェンダーと，物がどのカテゴリー（家事にかかわる物，生産にかかわる物，個人的な物）を表現しているかを記録する。
- 判定者はそれぞれ独立に判定する。2人の判定を，最後にひとつにまとめる。

倫理的配慮
- 判定者にはインフォームド・コンセントを得て，終了時にはデブリーフィングすべきである。

実験の統制
- 判定者への標準化した教示。
- 独立の判定，理想的には単純盲検法。
- 本はバイアスのないサンプルであること。
- イラストの順序は順序効果がないようにばらつかせること。

実験材料
- 児童書。
- ジェンダーと事物カテゴリーを記入する用紙。
- 標準化された教示文とデブリーフィング用のメモ。

データ分析
- 記述統計：平均，明確なタイトルのついた表や図。
- 2×1のχ^2検定が，頻度を扱うそれぞれの仮説に適用できる。たとえば，仮説1の場合，家事にかかわる物をみれば，男性と女性の使用者の全体数を比較することができる。仮説4では，時点1と時点2での家事にかかわる物を使っている女性数を比較することができる。
- 2×2のχ^2検定が，時点（現在の本 vs. 昔の本）×ジェンダー（男性の事物 vs. 女性の事物）に使える。

ワーク 9
親の養育スタイルと自尊心

研究の概要

バウムリンド（Baumrind, 1971）は，3つの養育スタイルがあると提案した。「寛容な」養育スタイル（permissive），「権威主義的な」養育スタイル（authoritarian），「威厳のある」養育スタイル（authoritative）である。この研究は，青年から質問紙によってデータを集めており，彼らの自尊心（self-esteem）(訳注)と，彼らが受けた養育スタイルを調査している。自尊心は，「威厳のある」養育スタイルと正の相関がみられ，「権威主義的な」養育スタイルとは負の相関がみられた。追試には，同じ質問紙を用いる。質問紙の構成と回顧的データの信頼性が問題となる。

イントロダクション

バウムリンド（Baumrind, 1971）は，「寛容な」親はその子どもたちに対し，概して温かいと述べている。つまり，彼らは子どもにああしろこうしろと言わず，統制しないし，他のタイプの親よりも罰を与えることが少ない。これに対して，「権威主義的な」親は，子どもに問答無用の従順を求め，ときには罰を与えて子どもの行動をコントロールしようとする。第3の養育態度である「威厳のある」親は，これらの2つの極端な態度の中間に位置する。つまり，「威厳のある」親は，厳しくはっきりと子どもに対して要求もするが，しかし，その権威は柔軟で合理的であり，要求する理由を伝えようとする。

　　訳注　self-esteem は自尊感情と訳されることが多いが，ここでは自尊心と訳しておく。

バウムリンド (Baumrind, 1971, 1982) は,「威厳のある」親に育てられた子どもは, 他の養育スタイルによって育てられた子どもたちよりも, 自尊心, 自立, 達成志向, 自己統制が高いことを見いだした。

キースタディ——ブリら「権威主義的な養育と威厳のある養育が自尊心に及ぼす効果」

ブリら (Buri et al., 1988) は, 先行研究の結果が, バウムリンドによる親の養育態度と子どもの自尊心の関係を示唆していることに注目した。たとえば, シアーズ (Sears, 1970) は父親が「権威主義的な」場合, 娘はそうでもないがその息子は自尊心が低いことを見いだしている。また, クーパースミス (Coopersmith, 1967) は,「威厳のある」養育態度の親をもつ少年は, 高い自尊心を発達させることを見いだしている。

他の研究から, 自尊心の低い人々は, 探求心に欠け, 他人に頼りがちで, 生産的でなく, 目的志向的でなく, 個人的責任と自己コントロールに欠けることが見いだされている。

これらのことから,「権威主義的な」親のしつけは, 自尊心と負の関係にあり,「威厳のある」親のしつけは自尊心と正の関係にあるとの仮説が導かれた。

方 法

参加者

301人の大学生が, 心理学入門コースの授業の一環として参加することに同意した。このうち48人は, 片親の死亡や離婚により対象からはずされた。他の23人は, 回答が不完全だったので除外された。この結果, 119人の女性（平均年齢18.7歳）と111人の男性（平均年齢19.9歳）が参加した。

研究デザイン

すべての参加者が次の2つの質問紙に回答した。
- ・「テネシー自己概念尺度」(Fitts, 1965)：100項目の自己記述からなる。この尺度得点が高いほど, 個人の自尊心が高いことになる（これに代わる自尊心尺度を85ページに示した）。
- ・「親の権威に関する質問紙 (PAQ；Parental Authority Questionnaire)」(Buri,

1991)：82ページ参照。

当初，PAQ は48項目であった。これらを21人の専門家（心理学，教育学などの仕事をしている人々）に見せ，それぞれの項目が，「寛容な」「権威主義的な」「威厳のある」の3つの養育態度のどれを示すかを判断してもらった。95％以上の明白な支持を得た項目のみを最終的な尺度に用いた。

手続き

参加者に，彼ら自身の人口統計学的情報――性別，年齢，両親または片親の死別，両親との同居，両親の離婚あるいは別居――の提供を求めた。

次に，2つの質問紙をランダムな順序で提示して，次のように教示した。
・自尊心に影響すると思われる家族要因を調べることがこの研究の目的です。
・正しい答とか間違った答といったものはありません。ですから，どの項目についてもできるだけ正直に答えてください。
・特定の質問項目にあまり時間をかけることのないようにしてください。最初に思いうかんだことを答えてください。
・必ず質問紙のすべての項目に答えてください。

結 果

仮説については，表9.1に示されるように，自尊心は母親や父親の「権威主義的」養育と有意な負の相関（それぞれ $r=-.26$，$r=-.18$）がみられ，また，

表9.1　PAQ と自尊心との相関

	自尊心との相関	相関	
		女性	男性
母親			
寛容	−.04	−.03	−.01
権威主義的	−.26***	−.29**	−.21*
威厳のある	+.41***	+.42***	+.36***
父親			
寛容	−.08	−.10	−.03
権威主義的	−.18**	−.12	−.24**
威厳のある	+.38***	+.50***	+.19*

*＝$p<.05$　**＝$p<.005$　***＝$p<.0005$
出典：Buri et al. (1988).

母親や父親の「威厳のある」養育と有意な正の相関がみられた（それぞれ $r=.41$, $r=.38$）。

この相関は，男性と女性でほぼ同様にみられた。ただし，次の点については性差があった。男性の自尊心と父親の「権威主義的」養育との間に負の相関があり，男性の自尊心と父親の「威厳のある」養育との間には無視できる程度の正の相関しかなかったのに対して，女性は逆に，自尊心と父親の「権威主義的」養育との相関はほとんどなく，自尊心と父親の「威厳のある」養育との間には強い正の相関がみられた。

ブリらはひとつの変数を中央値で分割して，母親と父親の養育スタイルとの間の交互作用をさらに検討した。つまり，参加者を，母親の「威厳のある」養育変数について高群と低群の2つに分けた。低群においては，父親の「威厳のある」養育と自尊心とはほとんど相関がみられなかった（$r=.11$, $p<.10$）が，高群では父親の「威厳のある」養育と自尊心に有意な正の相関があった（$r=.46$, $p<.001$）。このことは，母親の「威厳のある」養育が弱いときには，自尊心に対する父親の「威厳のある」養育の影響がほとんどないことを示唆する。

男性と女性のデータがそれぞれ重回帰分析されたが，その結果は次のとおりである。

- 女性の自尊心の変数については，37%が母親および父親の「威厳のある」養育，母親の「権威主義的」養育，「威厳のある」養育との交互作用から説明された。
- 男性の自尊心についての最適の予測式は，分散の16.4%を説明する。これは，母親の「威厳のある」養育と父親の「権威主義的」養育の加算モデルであった。

考　察

ここで示されたデータは，バウムリンドのしつけスタイルによる違いを明確に支持するものである。バウムリンドの記述から，「権威主義的」養育が自尊心と負の相関をもつ一方，「威厳のある」養育は自尊心と正の相関をもつということが予想され，実際にこれがデータの上で示された。「権威主義的」養育は，「受け取る情報が限られ，自分の力が及ぶ範囲が制限され，個人の有意味性にも限定を加えるという印象」を作り出し，このことが，子どもの自尊心を害するのだろうとブリらは示唆している。「威厳のある」養育は，子どもの独自性を認め

つつも，厳しい監督を維持することによって，個人として価値をもつという感覚を高めることになるのであろう。

　性差がみられた。つまり，男性の自尊心は父親の「権威主義的」養育によって女性より大きなダメージを受け，一方，女性の自尊心は「威厳のある」父親によって男性よりもいっそう高められた。さらに，ブリらは，女性の自尊心の発達は，男性よりも親の権威に一般により多く依存することを見いだした。

考えてみよう

1. 参加者はすべて心理学科の1年生であった。これは結果に何らかの歪みをもたらしているだろうか。
2. 何人かの参加者は回答欄をきちんと埋めなかったので除外された。このことは偏りのあるサンプルとなっただろうか。もしそうならば，どのような偏りだろうか。
3. 片親を亡くしていたり，離婚や別居している場合，なぜ参加者は除外されたのだろうか。
4. 義理の親に養育されている子どもを対象に含めるか含めないかについてどう思うか。
5. この研究における男子は，平均年齢が女子よりも高かった。これは結果に影響するだろうか。どのように？
6. PAQはさまざまな専門家の判定によって確証されている。この妥当性はどのような種類のものか。
7. 84ページの得点化は，親の養育スタイルを示すものとなっていると思うか。
8. 質問紙は「ランダムな順序」で提示された。これはどういう意味だろうか。どうして重要なのだろうか。
9. 参加者は多少なりともだまされたと感じるだろうか。どのようなやり方が望ましかっただろうか。
10. データの一部は回顧的に得られた。このことは結果にどのような影響を与えただろうか。
11. どのような相関の統計を用いたらよかったと思うか。そう思う理由を説明してみなさい。
12. 「分散の16.4％を説明する」とは何を意味するのだろうか。
13. 原著では，ブリらは彼らの研究のひとつの欠点を述べている。すなわ

ち，結果は「親の権威性についての非独立の評価」に基づくということである。これは何を意味するか，また，結論にどのように影響するだろうか。

14. 85〜88ページに，2つの自尊心尺度が掲載されている。それぞれどのような利点をもつだろうか。

文　献

引用文献

Baumrind, D. 1971 Current patterns of parental authority. *Developmental Psychology Monographs*, **4** (2, Pt.2).

Baumrind, D. 1982 Reciprocal rights and responsibilities in parent-child relations. In J. Rubenstein, & B.D. Slife (Eds.) *Taking sides: Clashing views on controversial psychological issues*. Guildford, CO: Dushkin, pp.237-244.

Buri, J.R. 1991 Parental Authority Questionnaire. *Journal of Personality Assessment*, **57**, 110-119. Mahwah, NJ: Lawrence Erlbaum Associates.

Buri, J.R., Louiselie, P.A., Misukanis, T.M., & Mueller, R.A. 1988 Effects of parental authoritarianism and authoritativeness on self-esteem. *Personality and Social Psychology Bulletin*, **14**, 271-282.

Coopersmith, S. 1967 *The antecedents of self-esteem*. San Francisco, CA: Freeman.

Fitts, W.H. 1965 *Tennessee self-concept scale*. Los Angeles, CA: Western Psychological Services.

Sears, R.R. 1970 Relation of early socialization experiences to self-concepts and gender role in middle childhood. *Child Development*, **41**, 267-289.

推薦文献

Hoffman, M.L. 1970 Moral development. In P.H. Mussen (Ed.) *Carmichael's manual of child psychology* vol.2. New York: Wiley.

訳者補遺

東洋・柏木恵子・ヘス，R.D.　1981　母親の態度，行動と子どもの知的発達：日米比較研究　東京大学出版会

遠藤辰雄・井上祥治・蘭千壽(編)　1992　セルフ・エスティームの心理学：自己価値の探求　ナカニシヤ出版

戸ヶ崎泰子・坂野雄二　1997　母親の養育態度が小学生の社会的スキルと学校適応におよぼす影響：積極的拒否型の養育態度の観点から　教育心理学研究　**45**, 173-182.

文献検索のためのキーワード

養育スタイル (parenting style)
威厳のある (authoritative)
権威主義的 (authoritarian)
寛容な (permissive)
自尊心 (self-esteem)

やってみよう──研究案

仮説
1．母親／父親の「威厳のある」養育と高い自尊心に正の相関がある。
2．母親／父親の「権威主義的」養育と高い自尊心に負の相関がある。
3．母親／父親の養育スタイルと自尊心に何らかの関連がある。

参加者　　16歳以上の人。自尊心に関する質問が含まれており，小中学生だと気にするので。

研究デザイン　　質問紙を用いた相関研究。
・82－88ページの質問紙を用いて，質問のしかたに問題がないかをチェックするためにパイロットスタディを行う。PAQ はそれぞれの親について1回ずつ計2回行い，別々に分析する。もしくは，片方の親（母親か父親）にのみすることも可能。
・標準化した教示を使った質問紙を用意する。
・質問紙の提示をランダム化する。

倫理的配慮
・この実験はディセプションを含むので，デブリーフィングに細心の注意を払い，事後にインフォームド・コンセントを得る機会を提供すべきである。
・不必要な不快感を与えないよう注意し，秘密を厳守し，参加者のデータの公表を留保する権利を保証すること。

実験の統制
・質問紙の提示の順番をランダムにする。
・妥当性のある質問紙。
・単純盲検法。
・標準化された教示と実施条件。

実験材料
・質問紙と採点表。
・標準化された教示文とデブリーフィング用のメモ。

データ分析
・記述統計：平均，明確なタイトルのついた表や散布図。
・**仮説1**：「威厳のある」養育のスコアと自尊心との相関。
・**仮説2**：「権威主義的」養育のスコアと自尊心との相関。
・**仮説3**：2×3のχ^2検定。自尊心の高い／低い人の群，3つの養育スタイルのいずれに該当するか。
・オプション：性差を見てみよう。

親の権威に関する質問紙
(Parental Authority Questionnaire, PAQ)

教 示

次のそれぞれの記述があなたとあなたの母親にどの程度当てはまるか，5つの数字のうち，もっともよく当てはまるものに○をつけてください（1＝まったく違う，5＝まさにそのとおり）。それぞれの記述について，子どもの頃の家庭でのあなたとあなたの母親に当てはめて読み，考えてください。答が正しいとか間違っているということはありませんので，あまり時間をかけずに答えてください。それぞれの記述に関して全体的印象を答えてほしいと思います。すべての項目を飛ばさずに答えてください。

1 2 3 4 5　　1．私が子どものとき，うまくいっている家庭では，子どもは親と同じように自分なりのやり方をもっているはずと母親は思っていたようだ。

1 2 3 4 5　　2．たとえ子どもが母親に賛成でなくても，母は自分が正しいと考えることに従わせるのが私たちのためだと思っていた。

1 2 3 4 5　　3．私が子どもの頃，母は自分の言ったことは何であれ，私が質問したりせずにすぐにすることを期待していた。

1 2 3 4 5　　4．私が子どもの頃，いったん家族の方針が決められると，母は子どもたちとその方針の背後にある理由についてよく話し合った。

1 2 3 4 5　　5．私が家族の規則や制限が不合理だと感ずるときはいつでも，母はことばでそれについて議論するように励ました。

1 2 3 4 5　　6．私の母はいつも，子どもに必要なのは，自分自身で決め，自分のしたいことをする自由をもつことだと思っていた。たとえ，それが親の望むことと違っていても。

1 2 3 4 5　　7．私が子どもの頃，母は母自身の決定に私が疑問をはさむことを許さなかった。

1 2 3 4 5　　8．私が子どもの頃，母は子どもたちの活動や決まったことを，論拠を示したり規律を守らせることによって導いていた。

1 2 3 4 5　　9．母はいつでも，親が望むように子どもを行動させるために，親はもっと力を用いるべきだと思っていた。

1 2 3 4 5　　10．私が子どもの頃，母は，単に誰か権威のある人が決めたからという理由で，私が規則に従ったり行動を統制したりする必要はないと思っていた。

1 2 3 4 5　　11．私が子どもの頃，母が私に何を期待しているか知っていたが，その期待が不合理だと感じたときは，母親とそういう期待について自由に議論できると思っていた。

1 2 3 4 5　　12．母は，賢い親は早い時期に家族の誰がボスかを子どもたちに教え

ワーク9　親の養育スタイルと自尊心

	るべきだと思っていた。
1 2 3 4 5	13. 私が子どもの頃，母は私にこうすべきだと期待したり行動の指針を示したりはほとんどしなかった。
1 2 3 4 5	14. 私が子どもの頃，多くの場合，家族の決定をするときに母は子どもたちが望むように決めていた。
1 2 3 4 5	15. 子どもの頃，母は一貫して合理的かつ客観的に，私たちを方向づけ導こうとしてくれた。
1 2 3 4 5	16. 私が子どもの頃，母は，私が彼女に反対しようとすると非常に怒った。
1 2 3 4 5	17. 社会の多くの問題は，子どもが育っていくときに，親が子どもの活動や決定や願望を制限しなければ解決すると，私の母は考えていた。
1 2 3 4 5	18. 私が子どもの頃，母は私に望む行動を私にわからせようとし，もし，私がその期待に添わなかったときは，私を罰した。
1 2 3 4 5	19. 私が子どもの頃，母は，あまり指示をせずに私が自分で多くのことを決められるようにしてくれた。
1 2 3 4 5	20. 私が子どもの頃，家族の決定をするときに，子どもの意見を母は考慮に入れてくれたが，母は単に子どもがそうしてほしいからという理由で事を決めたりはしなかった。
1 2 3 4 5	21. 私の母は，私が子どもの頃，私の行動を方向づけたり導いたりすることに母自身に責任があるとはみなしていなかった。
1 2 3 4 5	22. 母は，私が子どもの頃，家庭のなかでの子どもに対する行動の明確な基準をもっていた。しかし，母はそれらの基準を個々の子どもの要求に合うように進んで調整してくれた。
1 2 3 4 5	23. 母は，私が子どもの頃，私の行動や活動に方向づけを与え，その方向づけに従うよう期待したが，いつでも進んで私の考えを聞き，その方針を私と話し合ってくれた。
1 2 3 4 5	24. 私が子どもの頃，母は家族の問題について私が自分の観点をもつことを認め，たいてい私がしようとしていることを私自身が決めるのを認めてくれた。
1 2 3 4 5	25. 私の母は社会の多くの問題は，子どもが望ましい行動をしないときに，厳しく力で親が対応していたら解決すると思っていた。
1 2 3 4 5	26. 私が子どもの頃，母は，私にしてほしいことと，それをどのように母が望んでいるかを，よく私に言っていた。
1 2 3 4 5	27. 私が子どもの頃，母は私の行動や活動に明確な方向づけを与えてくれたが，私が母に反対するときにはそれを理解してくれた。
1 2 3 4 5	28. 私が子どもの頃，母は子どもの行動，活動，願望を方向づけることはしなかった。
1 2 3 4 5	29. 私が子どもの頃，私は母が私に望んでいることを知っていたし，母は，母の権威を尊重してその期待に従うよう強いた。
1 2 3 4 5	30. 私が子どもの頃，私を傷つけるような家族内での決定をしたなら，母は進んでその決定について私と話し合い，もし母が間違っていたらそれを進んで認めた。

得点化
「寛容な」養育スタイルは次の10の質問である。
　1, 6, 10, 13, 14, 17, 19, 21, 24, 28
「権威主義的」養育スタイルは次の10の質問である。
　2, 3, 7, 9, 12, 16, 18, 25, 26, 29
「威厳のある」養育スタイルは次の10の質問である。
　4, 5, 8, 11, 15, 20, 22, 23, 27, 30

母親, 父親のいずれについても得点化し, 次の6つの得点が算出される。母親の寛容な養育, 母親の権威主義的養育, 母親の威厳のある養育, 父親の寛容な養育, 父親の権威主義的養育, 父親の威厳のある養育。それぞれの得点は10点から50点の間になる。

出典：Buri, J.R. 1991 Parental Authority Questionnaire. *Journal of Personality Assessment*, **57**, 110-119. Mahwah, NJ: Lawrence Erlbaum Associates.

ワーク9 親の養育スタイルと自尊心

自尊心の質問紙 I

これは自分のペースで答えるテストで，12分程度かかる。あるいは，記述内容を読み上げてやってもよい。

教 示
ここには感情について書かれた文のリストがあります。もし，ここに書かれている内容があなたがいつも感じていることならば，「私のようだ」の欄にチェックをつけてください。もし，それがあなたがいつも感じていることとは違っていたら，「私とは違う」の欄にチェックしてください。あなたの答が正しいとか間違っているということはありません。たとえば，「私はよく働く。私のようだ，あるいは私とは違うか？」。全部で58の記述があります。すべての記述に答えてください。

注意：各記述の左の略号と答の欄のチェックはスコアリングのためなので，実施の際には除くこと。

		私のようだ	私とは違う
GS	1．私はとりとめのない空想に多くの時間を費やす。	（ ）	（×）
GS	2．私はかなり自信がある。	（×）	（ ）
GS	3．私は自分が誰か他の人間だったらとたびたび思う。	（ ）	（×）
SSP	4．私は誰でもすぐ好きになる。	（×）	（ ）
HP	5．両親と私は一緒に楽しい時間を過ごすことが多い。	（×）	（ ）
L	6．私はどんなことにでもくよくよしたりしない。	（ ）	（ ）
SA	7．クラスの皆の前で話すのは難しい。	（ ）	（×）
GS	8．私がもっと年齢が下だったらよいと思う。	（ ）	（×）
GS	9．できたら変えたかったと思う点が私にはたくさんある。	（ ）	（×）
GS	10．私はほとんど悩まず決心できる。	（×）	（ ）
SSP	11．誰かと一緒にいるのがとても楽しい。	（×）	（ ）
HP	12．私は家でも気持ちが動揺しやすい。	（ ）	（×）
L	13．私はいつも正しいことをしている。	（ ）	（ ）
SA	14．私は学業に自信がある。	（×）	（ ）
GS	15．私がすべきことをいつも誰かに言ってもらわなければならない。	（ ）	（×）
GS	16．新しいことに慣れるのに私は時間がかかる。	（ ）	（×）
GS	17．私は自分のしたことをよく後悔する。	（ ）	（×）
SSP	18．私は同年代の子に人気がある。	（×）	（ ）

			私のようだ	私とは違う
HP	19.	私の両親はいつも私の気持ちを考えてくれる。	(×)	( )
L	20.	私は決して不幸ではない。	( )	( )
SA	21.	私はできるだけ最善を尽くしている。	(×)	( )
GS	22.	私はすぐにダメになってしまう。	( )	(×)
GS	23.	私はいつも自分のことは自分で何とかできる。	(×)	( )
GS	24.	私はとても幸せである。	(×)	( )
SSP	25.	私はむしろ自分より年少の子どもたちと遊ぶ。	( )	(×)
HP	26.	両親は私に期待しすぎる。	( )	(×)
L	27.	私は自分の知っている人は皆好きだ。	( )	( )
SA	28.	クラスの友人に求められるのが好きだ。	(×)	( )
GS	29.	私は自分のことはよくわかっている。	(×)	( )
GS	30.	自分であることはかなりつらい。	( )	(×)
GS	31.	私の人生ではいろんなことがごっちゃになっている。	( )	(×)
SSP	32.	友だちは私の考えに従う。	(×)	( )
HP	33.	家では誰も私のことを気にかけない。	( )	(×)
L	34.	私は叱られたことがない。	( )	( )
SA	35.	私は学校で自分が望むようにはできていない。	( )	(×)
GS	36.	私は自分で決心してそれをやり通すことができる。	(×)	( )
GS	37.	私は男の子／女の子であることがとても嫌だ。	( )	(×)
GS	38.	私は私自身についてどうこう思わない。	( )	(×)
SSP	39.	私は他の人と一緒にいるのが好きではない。	( )	(×)
HP	40.	家を出たいと思うことがたびたびある。	( )	(×)
L	41.	私は決してはずかしがりやではない。	( )	( )
SA	42.	私は学校で気持ちが動揺することがよくある。	( )	(×)
GS	43.	私は自分が恥ずかしいと思うことがよくある。	( )	(×)
GS	44.	私は皆のようには外見がよくはない。	( )	(×)
GS	45.	もし何か言わなければならないときにはちゃんと言う。	(×)	( )
SSP	46.	友だちはよく私にけんかをふっかける。	( )	(×)
HP	47.	私の両親は私のことを理解してくれている。	(×)	( )
L	48.	私はいつも本当のことを言っている。	( )	( )
SA	49.	私の先生は，私ができないと感じさせる。	( )	(×)
GS	50.	私は自分に何がおこっても気にしない。	( )	(×)
GS	51.	私は失敗者だ。	( )	(×)
GS	52.	私は叱られるとすぐに動転してしまう。	( )	(×)
SSP	53.	多くの人は私よりもずっと好かれている。	( )	(×)
HP	54.	私はいつも，両親が私をせきたてているように感じる。	( )	(×)
L	55.	私は人に何を言わなければいけないかいつもわかっている。 ( )	( )	
SA	56.	私は学校で勇気がくじかれることがよくある。	( )	(×)
GS	57.	私は何も苦にならない。	(×)	( )
GS	58.	私は頼りにならない。	( )	(×)

ワーク9　親の養育スタイルと自尊心

得点化
×の印がついているところにチェックされた答にはすべて2点与える。虚偽尺度項目（L）は除外する。これは人の社会的望ましさへの歪みを示すものとして，別に捉えることができる。

　得点の最大値は100。75点以上は高い自尊心を示し，25点以下は低い自尊心を示す。
　左の略号は下位尺度を示す。全体自己（GS, general self），社会的自己／仲間（SSP, social self/peers），家庭／親（HP, home/parents），学校／学業（SA, school/academic），虚偽尺度（L, lie scale）。

基準点
　9歳〜15歳の前青年期の子どもの平均は70.15。
　16歳〜23歳の青年の平均は76.1。

　分布は一般に高い自尊心のほうに偏る。標準偏差は11から13になる。社会的望ましさとの相関が高いという問題がある。

　出典：Coopersmith, S. 1967 The Self-Esteem Institute, 936-G Dewing Avenue, Lafayette, CA94549, USA.

自尊心の質問紙 II

該当する反応（低い自尊心を示すもの）は＊で示されている。

	とてもよく当てはまる	当てはまる	当てはまらない	まったく当てはまらない
1．私は価値のある人間だと思う。			＊	＊
2．私は多くのよい素質をもっている。			＊	＊
3．自分が敗北者だと思うことがある。	＊	＊		
4．自分は人並みにうまくやれると思う。			＊	＊
5．自分には自慢できるところがあまりない。	＊	＊		
6．自分に対して肯定的である。			＊	＊
7．だいたいにおいて，自分に満足している。			＊	＊
8．もっと自分自身を尊敬できるようになりたい。	＊	＊		
9．自分が役に立たないとよく思う。	＊	＊		
10．自分はダメな人間だと思うことがよくある。	＊	＊		

出典：Rosenberg, M. 1989 *Society and the adolescent self-image*. University Press of New England.

ワーク 10

2つの道徳的志向性

研究の概要

この研究は，人が道徳に関するどのような志向性をもっているかをみるために，実生活での道徳的ジレンマの内容分析を行っている。多くの人は「配慮（care）」と「公正（justice）」の2つの道徳的志向性をもっているが，これはジェンダーと結びついていることが見いだされた。つまり，女性は配慮を好み，男性は公正に傾く。追試ではインタビューを行い，その結果を分析する。インタビューという方法論が問題となる。
[訳注：care は心づかい，思いやりなどとも訳されている。justice は正義などとも訳される。]

イントロダクション

ピアジェ（Piaget, 1932）とコールバーグ（Kohlberg, 1978）は，道徳発達に関する非常に重要な認知発達的研究を行っている。2人とも，道徳的物語，あるいはジレンマ課題を用いて，人々が道徳的問題をどのように考えるかを明らかにした。つまりジレンマ状況を提示してこれに対する道徳的判断の理由を説明してもらい，これらの理由を，道徳的推論の発達段階理論を構成するのに用いたのである。コールバーグの説明はより洗練されたものであり，6つの決まった連続的な段階を通して道徳発達が進み，段階6に到達しない人もいるが，しかし，どの人も同じ一連の発達過程を進むとした。

コールバーグは実証的研究から理論を導いたが，これに対する第一の批判は，ジェンダーのバイアスがあることである。つまり，オリジナルのサンプルには

男性しか含まれていなかった。第二の批判は、理論が実生活のジレンマでなく、仮説的なものに基づいていることである。このことは、コールバーグによる発達段階が生態学的妥当性を欠くのかもしれないということになる。

ギリガン（Gilligan, 1982）は、実生活のジレンマ、つまり中絶をすべきかどうかという問題に直面している29人の女性にインタビューをする研究によって、これらの反論に応えた。彼女はインタビューを分析し、人々は、2つの異なる道徳的禁止命令、つまり、他者を不公平に扱ってはならない、助けを必要とする人から目をそらしてはならないという命令に従っている（「公正（justice）」志向と「配慮（care）」志向）、と結論した。ギリガンはコールバーグの研究が、道徳的視点はひとつしかない、つまり公正という視点のみがあるとの仮定に縛られているとした。もうひとつの視点、配慮（care）は主に女性にみられ、女性は何が「公正」であるかよりも人々の感情に心を配ろうとする。

ギリガンは、インタビュー分析から段階理論を発展させた。もっとも未熟な段階1は、自己-関心（self-interest）に動機づけられている［訳注：自分自身への配慮に焦点がある］。段階2は、自己-犠牲（self-sacrifice）で、他者の幸せのために自分自身が犠牲になる［訳注：他者への配慮に焦点化］。最終段階は一種の非暴力（nonviolence）で、誰かを傷つけるのをさけようとする［訳注：人間関係の力学に焦点がある］。これは、後慣習的段階（post-conventional stage）にあり、コールバーグの段階5、6に該当する。その人自身の道徳性を発達させていて、慣習に縛られなくなるのである。

ギリガンの段階は表10.1に示すように、公正と配慮の両方の視点に適用される。

表10.1　ギリガンによる公正と配慮の視点に基づく道徳発達の3つの段階

段階	公正（Justice）	配慮（Care）
1.	(1J) 道徳的規範を維持し、規範から逸脱しようとする力に抵抗する。	(1C) 他者の言うことや、自分の選択が関係にどのように影響するかを気にする。
2.	(2J) 公正は慈悲によって調整される。人は他者の感情を考慮すべきだが、原則がもっとも重要である。	(2C) 他者の幸せのために自分自身を犠牲にする。関係は慣習的規則よりももっと大事である。
3.	(3J) 「規則の例外」があるとはいえ、すべての人が普遍的法を遵守することがもっとも大切である。	(3C) 個人を尊重し、誰をも傷つけないようにしながら、道徳的規則を適用しようとする。

キースタディ——ギリガンとアタヌッチ「2つの道徳的志向性」

　ギリガンとアタヌッチ（Gilligan & Attanucci, 1988）は，道徳的判断について，公正の観点とともに配慮の観点によっても分類することができ，これらの2つの道徳的観点の違いはジェンダーによる差があるという仮説を検討した。ギリガンとアタヌッチは特に，女性は配慮の志向が強く，男性は公正の志向が強くみられると予想した。

　この研究の重要な特徴は，道徳的判断が現実生活のジレンマの文脈でテストされ，より大きな生態的妥当性をもつものとなったことである。

方　法

参加者
　男性46名，女性34名（$N=80$），年齢は14歳から77歳。参加者のうち，39名は医学部の1年生で，そのうち約半分はマイノリティグループ出身である。残りの参加者のうち，20名は私立高校生である。

研究デザイン
　道徳的葛藤とそこでの行動の選択について一連の質問が参加者になされた。
1．あなたは，決断をしなければならないけれど正しいことが何か定かでないような道徳的葛藤の状況を，かつて経験したことがありますか。
2．その状況について述べることができますか。
3．その状況では，あなたにとって何が葛藤だったのでしょうか。
4．あなたはどうしましたか。
5．それが正しかったと思いますか。
6．どうしてそう思いますか。

　インタビュアーは，回答者が答を詳しく述べ，明確化できるように促すような「その他には？」といった質問をした。特に，「責任」「公正」「義務」などの重要な語の意味を回答者が説明するように留意した。

手続き

それぞれの参加者はおよそ2時間にわたって個別にインタビューされた。道徳性やアイデンティティについての一般的な質問と共に、上記のような特定化した質問がなされた。インタビューはテープに録音され、後に書き起こされた。

ジレンマは「ライオンズの手続き（Lyons procedure）」を用いて分析された。これは、「現実生活のジレンマをコーディングするためのライオンズのマニュアル」（Lyons, 1983）に記載されている。一種の内容分析で、集中的な訓練を必要とする(訳注)。

信頼性および妥当性を保持するためのポイントは、以下のとおりであった。

- 3人のコーダーによってコード化された（平均80％の一致を示した）。
- コーダーは参加者の性別、人種、年齢について知らされていなかった。
- それぞれのジレンマは最少で4つ、最大で17の「理由づけ」があげられ、これらに基づいてコード化された。

そして、ジレンマはあげられた理由づけに基づいて次のように分類された。「配慮のみ」（配慮の理由づけのみ）、「配慮に焦点化」（理由づけの75％以上が配慮）、「配慮と公正」（いずれも75％以下）、「公正に焦点化」、「公正のみ」。

データ分析

コーダーは、参加者が道徳的問題について論ずるときにどんなことを言ったかを見て判断した。これを、「理由づけ」ごとに分けた。ここで理由づけというのは、ひとつの論点もしくは理由づけの観点を示すものである。次の例は、ギリガンとアタヌッチが記述しているある学生のもので、飲酒規則を破った人を告発するかどうかがジレンマである。カッコはそれぞれの「理由づけ」にあたる。

　　［飲酒規則に違反したのだから、彼女をしかるべき委員会に告発することが正しいかどうかがジレンマでした。］
　　［私は彼女のことがとても好きでした。］
　　［彼女はとても狼狽して、感情的になってます。とても後悔していて、しなければよかったと思っていました。彼女は後悔と罪の意識に苛まれていて……］
　　［私は彼女を告発すべきだったんですけれども、しませんでした。］

　訳注　ギリガンの理論に基づき、ライオンズがインタビューデータをコーディングするやり方を具体的にまとめたもの。詳しくは1983年の論文を参照してほしい。

ギリガンとアタヌッチはこれを 2J と分類した。「公正が慈悲によって緩和されている明白な例」である。考えていることはどれも善悪の原則にかかわっており，その個人にとって何が最善かではない。これを次のものと比較してみよう。

［毎週飲みたいと思ったって，それは彼自身の問題だね。あるいは，もっと深刻な事態だったら，専門家に委ねるべきことかもしれない。彼らの反感をかわないようにしなけりゃ。さもないと，彼らの生活を以前よりももっと難しくしちゃうだろうからね。たぶん，ぜんぜん問題なかったんだよ。］
［学生監に個人的に話すことも考えないわけじゃないけど，そんなことはしたくないものだし，それで反感をかったりはしたくないと思うよ。だって，その人は離れていってしまうだろうからね。もしどんな関係でも切れてしまったら，その人のために何かをしてあげる機会自体がなくなってしまうと思うんだ。］

　このケースでは，話し手は「告発すること」が，どのように人間関係に影響するかに焦点を合わせており，規則を維持すること（2J）よりもむしろ関係を維持すること（2C）にずっと関心をもっている。
　次の 2 つの記述は，ギリガンとアタヌッチが 1J と 1C をよく示す例として提出しているものである。

［ヤクをやる連中がいてやってないのが私だけじゃなかったら，そんなのバカみたいって思うでしょ。いいことはいいし，悪いことは悪いって知ってる……私のもってる規範みたいなもんだから。］
［もしその人だけだったら，それはいけないっていうのはずっと簡単だと思う。他の人のことなんか気にしないで，その人に言える。でも，他の人のことを考えちゃうのよね。彼らは私のことをどういうだろう，それってどういうことだろうって悩んじゃう……本当の友だちが私の決断を受け入れてくれるからってわけじゃなくても，正しい決断をするけど。］

　最初の人は，他の人がどう感じるかではなく，善いか悪いかを案じているが，第二の例では，他者が何を考えるかに配慮している。両者の話のなかで言及されていることはすべて，社会への一般的利益というより自己の利益であり，彼らが共に段階 1 に分類された理由である。
　最後に，ギリガンとアタヌッチはそれぞれ 3J と 3C の 2 つの例を示している。

［道徳的ジレンマはいつでもありますが，それを解決するのはたいして難しくはありません。私はいつも，私の内的道徳性に従って解決します……自分の仕事

場が社会的に重要であればあるほど，規則に従ってふるまうことがより重要になります。なぜなら，社会は規則によって成り立っているのですし，私の考えでは，もしそれをごまかすなら，たとえそれがすばらしい目的のためだったとしても，結局規則を壊すことになります。というのも，規則と目的の間をすっぱり分けることなどできないからです。]

[私はここでの判断に責任がありますし，もっとも弱い立場の人が悲惨なことにならないようにできるだけのことをしなくてはなりません。駆け引きがなければそれだけよいでしょう。まさに人々が日々幸せに暮らすための基礎となる問題を扱っているからですし，人々の感情，人々の成長の可能性にかかわるのですから，うまく運ぶよう，できるかぎりのことをしなければなりません。]

これらは，規則に従うこと——たとえ「規則と目的の間をすっぱり分ける」ことができなくても（3J）——と，個人とその「成長の可能性」（3C）に焦点を合わせるということの間のバランスを例示している。どちらも後慣習的判断を示しており，したがって段階3にある。

結　果

表10.2から回答者の69％が両方の態度をもっていることがわかる（配慮に焦点 care focus，配慮・公正 care justice，公正に焦点 justice focus に分類されている）。また，66％は一方あるいは他方の態度に偏っていることがわかる（配慮のみ care only，配慮に焦点 care focus，公正のみ justice only，公正に焦点 justice focus）。そして，これらの偏りはジェンダーにかかわっており，女性は配慮に傾き，男性は公正に傾いている。もし，男性だけがこの研究に参加していたなら，コールバーグの研究のように，配慮の視点はたやすく見逃されてしまっていただろう。

ジェンダーのバイアスを検定するために，配慮のみ／配慮に焦点，公正のみ／公正に焦点，そして配慮・公正の結合データに対してχ^2検定がなされた。こ

表10.2　全体およびジェンダー別による道徳的態度の頻度

	配慮のみ	配慮に焦点	配慮・公正	公正のみ	公正に焦点
全体	5（6％）	8（10％）	27（34％）	20（25％）	20（25％）
女性	5（15％）	7（20％）	12（35％）	6（18％）	4（12％）
男性	0（0％）	1（2％）	15（33％）	14（30％）	16（35％）

出典：Gilligan & Attanucci（1988）より Wayne State University Press の許可を得て掲載。

れは期待値を 5 以上にするという χ^2 検定の条件を満たすためである。自由度 2，$N=80$ で $\chi^2=18.33$（$p<.001$）。

考　察

結果は，人がいずれかの志向性（配慮か公正か）をもつ傾向があること，そして，道徳的志向性と性別との間に関連がみられるとの見解を支持している。もっとも一般的なのは混合型であり，この型では，2 つの志向性間の緊張があることになる。おそらくもっとも道徳的に成熟しているのは，2 つの競合的原則を統合してもっとも適切に処理している人に見られるものであろう。

ひとつの志向性しか示さなかった参加者は，ある意味でインタビュアーによるバイアスを受けたか，あるいはあいまいさを認めることに気が進まないので，もう一方の志向性は除外して答えようとしたのかもしれない。これらの問題を解決するために，ギリガンとアタヌッチは，今後の研究では人は両方の視点をもつと仮定して，参加者から混合的反応が得られるように促してはどうかと示唆している。たとえば，「この問題について他の考え方はないでしょうか？」のように促すなどが考えられる。

考えてみよう

1．ギリガンのオリジナルの研究（1982）に倫理的問題があると思うか。それはどんなことだろうか。
2．対象者の年齢プロフィールがどのように結果に影響したと考えるか。
3．人種や教育など，参加者の他の変数が結果に影響したと思うか。
4．ギリガンとアタヌッチによる研究をスーパーバイズするとしたら，どのような倫理的問題が考えられるだろうか。
5．コーディングの技術は徹底的な訓練を必要とする。訓練されていない人がインタビューデータを分析するとしたら，どのような問題があるだろうか。
6．対面的なやり方ではなく，紙に書いて答えてもらうインタビューによってデータを集めたとしたら，どのような問題が生ずるだろうか。
7．研究について，あるいは参加者について，インタビュアーやコーダーに与えないのが望ましい情報はどのようなものだろうか。
8．回答者が研究の目的を知っていたとしたら結果にバイアスがあると思

うか。倫理的には望ましいだろうか。
9. ギリガンとアタヌッチは共に女性である。彼女らの説明もやはりジェンダーのバイアスがあると思うか。
10. 配慮と公正の志向性を示すようにあらかじめ決められた道徳的ジレンマ課題を構成することによって，この研究を追試することができる。このアプローチの利点と欠点は何だろうか。

文献

引用文献

Gilligan, C. 1982 *In a different voice: Psychological theory and women's development*. Cambridge, MA: Harvard University Press. （生田久美子・並木美智子(訳) 1986 もうひとつの声：男女の道徳観のちがいと女性のアイデンティティ 川島書店）

Gilligan, C., & Attanucci, J. 1988 Two moral orientations: Gender differences and similarities. *Merrill-Palmer Quarterly*, **34**, 223-237.

Kohlberg, L. 1978 Revisions in the theory and practice of moral development. *Directions for Child Development*, **2**, 83-88.

Lyons, N. 1983 Two perspectives: On self, relationships, and morality. *Harvard Educational Review*, **53**, 125-145.

Piaget, J. 1932 *The moral judgement of the child*. Harmondsworth: Penguin. （大伴茂(訳) 1959 児童の道徳判断の発達 同文書院）

推薦文献

Eisenberg, N., Miller, P.A., Shell, R., McNalley, S., & Shea, C. 1991 Prosocial development in adolescence: A longitudinal study. *Developmental Psychology*, **27**, 849-857.

談話分析は内容分析とは異なる。談話分析は，特定のテキストの意味をみようとするのに対して，内容分析はテキストにみられるパターンを捉えようとするものである。談話分析については，Curtis, A. 1997 Discourse analysis. *Psychological Review*, **4**, 23-25. を参照のこと。

訳者補遺

アイゼンバーグ, N.&マッセン, P., 菊池章夫・二宮克美(訳) 1991 思いやり行動の発達心理 金子書房

大西文行(編) 1991 道徳性と規範意識の発達 新・児童心理学講座 第9巻 金子書房

山岸明子 1985 日本における道徳判断の発達 永野重史(編) 道徳性の発達と教育 新曜社

文献検索のためのキーワード

道徳的推論（moral reasoning）
配慮の志向（care orientation）
公正の志向（justice orientation）
ジェンダーバイアス（gender bias）
アルファバイアス（alpha bias）
ベータバイアス（beta bias）
アンドロセントリックな研究（androcentric research）
フェミニスト心理学（feminist psychology）

やってみよう――研究案

仮説　道徳的志向性と性との間には関連がある。女性の参加者は配慮志向であり，男性の参加者は公正志向である。

参加者　14歳以上。

研究デザイン　内容分析とインタビューを用いた自然実験。
・参加者に尋ねる質問のリストを決定する。
・インタビューアーバイアスが入るのをさけながら，さらなる情報を促すやり方を決定する。インタビューアーはおそらく「ブラインド」ではなく，したがって反応に影響を与えるかもしれない。これに対するひとつのやり方は，答を書いてもらい，これに対して一連の決められた質問をすることである。
・分析を比較するために2人以上のコーダーが望ましい。
・説明を段階によって分類する必要はない。配慮／公正の志向性についてのみ分けられればよい。

倫理的配慮
・この実験はディセプションを含むので，デブリーフィングに細心の注意を払い，事後にインフォームド・コンセントを得る機会を提供すべきである。
・不必要な不快感を与えないよう注意し，秘密を厳守し，参加者のデータの公表を留保する権利を保証すること。

実験の統制
・独立したインタビューアーと判断者。
・単純盲検法，あるいは可能ならば二重盲検法。
・標準化されたインストラクションと実施条件。

実験材料
・あらかじめ定めた質問項目。
・標準化された教示文とデブリーフィング用のメモ。

データ分析
・記述統計：平均，明確なタイトルのついた表や図。
・相関テスト：χ^2検定 2×3/5。性差と道徳的志向性（配慮のみと配慮に焦点はひとつの変数にまとめても，別々に扱ってもどちらでもよい）。

ワーク 11

出生順位，家族の大きさとIQ

研究の概要

この研究は，家族の人数と出生順位，およびIQとの相関を説得的に示している。大家族に後から生まれた子どもは，限られた養育資源をきょうだいと分かち合わねばならず，そのために刺激が少なくなり，これがより低いIQにつながる。このことは，IQが経験（育ち）によって影響されるという観点を支持するものである。追試には知能テストを行う必要がある。心理測定テストの倫理が問題となる。

イントロダクション

いくつかの興味深い影響が出生順位とからんで見いだされている。パーソナリティについては，後から生まれた子ども（末子）は，最初に生まれた子ども（長子）よりも同年齢の仲間からの人気が高いことが知られている。おそらくは，年長の子どもやいろいろな点で勝っているきょうだいとうまくやっていくよう学習するので，このことが仲間との交流を助けるのであろう（Shaffer, 1993）。長子は，リーダーシップのスキルを発達させやすく，これは，年少の子どもたちに対して責任をもつことからくるのだろう（Dunn, 1984）。ニューソンとニューソン（Newson & Newson, 1970）は，親たちが長子にはより厳格であることを見いだした。このことがおそらく長子が罪の感覚をもちやすく，他者に依存的で，攻撃性が低く，より従順である理由であろう（Mussen et al., 1984）。こうしたことは，古い文献資料でも示されている（Sulloway, 1996）。たとえば，1750年〜1870年の間に進化論に反対した科学者の大多数は長子であったのに，

進化論を唱えたダーウィンやウォレスを含む非保守的な人の90％は末子であった。サロウェイ（Sulloway）によれば，マーガレット・サッチャーも末子である。

　これらの証拠は別として，パーソナリティに対する出生順位の影響が単純で一貫したものであることが見いだされているわけではない。しかし，知能に対する影響はもっとはっきりしている。平均して，長子は知能が高く，学校や仕事で有能である。これと同じことが一人っ子にも当てはまる。

　知能の決定因についての説明は，「生まれ（遺伝）」と「育ち（環境）」に2分されている。出生順位の影響があるということは，後者の見方を支持するものといえよう。

キースタディ——ベルモントとマロラ「出生順位，家族サイズと知能」

　ベルモントとマロラ（Belmont & Marolla, 1973）は，出生順位とIQの間にみられる明確な相関は，媒介変数としての家族サイズでも説明できるのではないかと考えた。第3子や第4子は，第2子よりも大きなサイズの家族に生まれた可能性が高く，出生順位それ自体というよりも家族サイズが原因かもしれない。大家族に生まれた子どもは，社会階層を統制した場合でも，事実として知能テストの成績が低くなる傾向がある。

　本研究では，次の2つの問題を立てている。
　1．家族サイズとは独立な出生順位の効果が存在するかどうか。
　2．出生順位の位置とは独立な家族サイズの効果が存在するかどうか。

方　法

参加者

40万人のオランダ人男性が，19歳で軍役につくための検査の際にテストされた。この研究の当初の意図は，1944年～1947年生まれの男性コホート［訳注：同時代に生まれた集団］における1944年～1945年の飢饉の影響をみることであった。

研究デザイン

オランダ軍の検査には，言語能力，計算能力，理解，知覚的処理の速さ，非

言語的知能を測定するテストが含まれていた。さらに，軍役検査時点での父親の職業，家族内の子ども数，出生順位などの社会的要因のデータも収集されていた。

非言語的知能は，レーヴン・マトリックス検査（Raven Progressive Matrices）によってテストされ，得点は6つの群に分けられた（1が高いものとする）。レーヴンの得点は38万6336人について得られた。

手続き

家族サイズと出生順位はそれぞれ9つのカテゴリーに分けられた。1から8までの数字は家族サイズが1人から8人であること，あるいは，出生順位が1番目から8番目であることを表しており，家族サイズが8人以上，あるいは出生順位が8番目以降の場合は，＞8のカテゴリーに入れられた。

父親の職業は以下の3つのカテゴリーのいずれかに分類された。
・非手工業：専門的もしくはホワイトカラー労働者。
・手工業：熟練，半熟練，非熟練労働者。
・農業：農業従事者もしくは農場労働者。

結 果

表11.1は家族サイズと出生順位の分布を示したものである。一人っ子家族は

表11.1　1944年〜1947年にオランダに生まれた19歳の男子の家族サイズと出生順位の分布（百分率）

家族の子ども数	全体比（％）	出生順位	全体比（％）
1	5.0	1	31.4
2	16.8	2	26.2
3	19.2	3	17.6
4	16.4	4	9.9
5	12.2	5	5.4
6	8.9	6	3.1
7	6.4	7	1.8
8	4.5	8	1.1
＞8	8.5	＞8	1.5
不明	2.0	不明	2.1

出典：すべての図表は，Belmont & Marolla (1973) の許可を得て掲載。Copyright © 1973 American Association for the Advancement of Science.

表11.2 レーヴンの分類別にみた家族サイズと出生順位の平均。
1が最も高く、6が最も低い。

レーヴンの得点による分類	得点分類別割合（％）	得点分類別家族サイズ 平均	SD	得点分類別出生順位 平均	SD
1	18.8	4.0	2.1	2.3	1.5
2	30.1	4.3	2.2	2.5	1.7
3	21.3	4.5	2.3	2.6	1.8
4	14.3	4.6	2.3	2.8	1.9
5	10.4	4.9	2.4	3.0	2.0
6	5.0	5.1	2.4	3.1	2.0

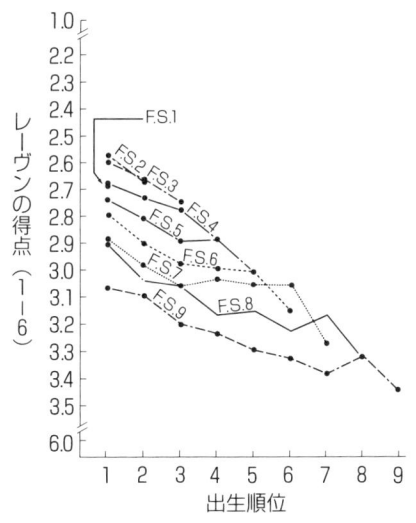

図11.1 各家族サイズの出生順位からみたレーヴンの平均得点。
F.S.=family size（家族サイズ）
出典：Belmont & Marolla (1973)

きわめて少なく（5％），多いのは3人の子どもをもつ群である。参加者の多くは第1子で，テストされた75％が第1子，第2子，第3子のいずれかであった。

表11.2は，レーヴンの6分類それぞれの平均家族サイズと平均出生順位を示している。テスト得点が低くなると，平均家族サイズと出生順位が高くなることを，データは示している。同様の結果は図11.1にも示されており，負の相関が見てとれる。

家族サイズとは独立に出生順位を分析すると，出生順位は単独で知能の低下を説明できることがわかる。すなわち，家族サイズにかかわりなく，長子の知

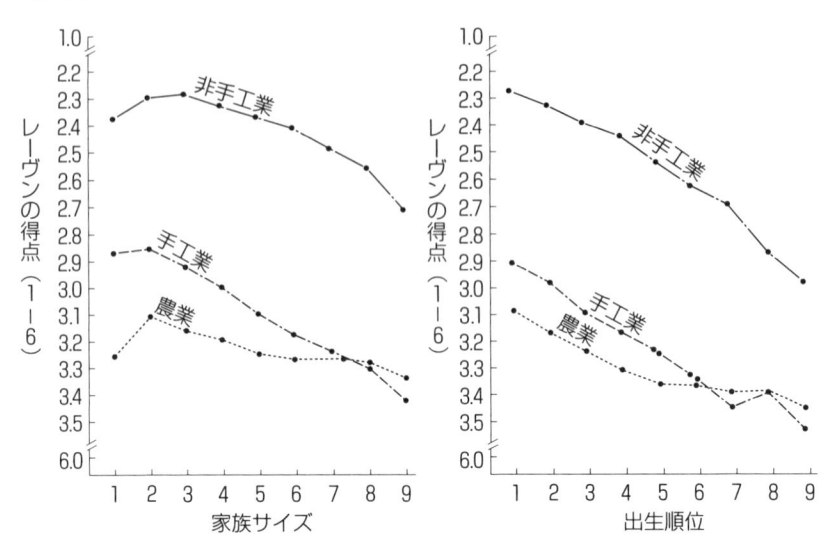

図11.2 各家族サイズと出生順位別にみた，3つの社会階層における
レーヴンの平均得点。

出典：Belmont & Marolla (1973)

能がより高いのである。同様のことは家族サイズのみについてもいえる。つまり，家族サイズは，出生順位に関係なく，家族のすべての子どもについてIQと負の相関がみられた。

最後に，社会階層と家族サイズおよび出生順位との関係が検討された（図11.2）。まず家族サイズをみると，非手工業的労働者家族では，家族サイズとIQとの負の相関は明確でなく［訳注：非手工業的労働者家族では，子どもが1人，2人の場合が低く，3人がもっとも高い。4人以降は家族サイズと負の相関になっている］，農業家族においてはそれがさらに低い［訳注：2，3，4人が高く，1人がかなり低くなっている］。一方，出生順位の効果はこれら3つのすべての職業群について一貫していた。

考 察

結果は，出生順位と家族サイズの両者とIQとの間に強い負の相関を示している。効果は独立であり，出生順位およびIQのみ，あるいは，家族サイズとIQのみでみても，これは真であった。ただし，家族サイズの効果はすべての社会階層でみられたわけではなかった。

ザイアンスとマーカス（Zajonc & Markus, 1975）は，出生順位の効果を「集合モデル（confluence model）」によって説明した。つまり，家庭の知的雰囲気は年長の家族メンバーによって高められ，年少の家族メンバーによって低められる。第1子の子どもはより多く養育時間が注がれ，親は彼らに高い期待を抱く。一方，第2子以降の子どもは注意や家族の資源を分かち合わなければならない(訳注)。

この効果は，中流階層，非手工業労働家族に，そして家族ごとに独立して暮らしている西欧文化に特有のものかもしれない。それ以外の国では第1子でさえも拡大家族のメンバーと資源を分かち合わなければならず，少人数家族は紙の上のことであって現実ではないかもしれない。

総じて結果は，IQの発達が経験的要因に関連するという考えを支持している。

訳注 このモデルでは，たとえば両親それぞれ100の知的レベルと仮定し，ここに新生児が加わるとほとんど0なので，家族内の知的レベルは67（＝(100＋100＋0)÷3）となる。次子が誕生すると60（＝(100＋100＋40＋0)÷4，次子の誕生時には長子は40位の知的レベルになるとして），のように徐々に低下し，後から生まれる子どもほど知的刺激の乏しい環境に育つことになる。

考えてみよう

1. すべての対象者は男性であった。また，すべてオランダ人であった。これらのことは結果にどのような影響を与えているだろうか。
2. 参加者は非常に狭いコホートに属していた。このことは結果に偏りをもたらしているだろうか。それはなぜか。
3. 親の職業分類についてどのようなコメントができるだろうか。
4. 用いられた知能テストについて，どのようなコメントができるだろうか。これは結果に何か影響しているだろうか。
5. どのような相関の検定が表11.2に示されたデータに適しているか。
6. 図11.2の出生順位のデータを説明しなさい。この図からその他に何が結論づけられるだろうか。
7. 結果は社会階層の違いを示唆している。これは，家庭生活へのさまざまな文化や下位文化のあり方によって説明されるだろう。この他の説明を考えてみよう。
8. この研究はIQ得点に基づくものである。こうしたデータに伴う倫理的問題があると思うか。

9. もし，すべてのきょうだいが同性だったら，違った結果になっただろうか。それはどうしてだろうか。

文　献

引用文献

Belmont, L., & Marolla, F.A. 1973 Birth order, family size and intelligence. *Science*, **182**, 1096-1101.
Dunn, J. 1984 *Sisters and brothers*. Glasgow: Fontana/Open Books.
Mussen, P.H., Conger, J.J., Kagan, J., & Huston, A.C. 1984 *Child development and personality*. New York: Harper & Row.
Newson, J. & Newson, E. 1970 *Four years old in an urban community*. Harmondsworth: Penguin.
Shaffer, D.R. 1993 *Developmental Psychology*. Pacific Grove, CA: Brooks/Cole Publishing Co.
Sulloway, F. 1996 *Born to rebel*. New York: Little, Brown.
Zajonc, R.B., & Markus, G.B. 1975 Birth order and intellectual development. *Psychological Review*, **82**, 74-88.

推薦文献

Sameroff, A.J., Seifer, R., Barocas, R., Zax, M., & Greenspan, S. 1987 Intelligence quotient scores of 4-year-old children: Social-environmental risk factors. *Paediatrics*, **79**, 343-350.

訳者補遺

東洋・柏木恵子・ヘス，R.D.　1981　母親の態度・行動と子どもの知的発達　東京大学出版会
田島信元　1993　知的発達と環境　新・児童心理学講座　第4巻　金子書房

文献検索のためのキーワード

出生順位（birth order）
家族サイズ（family size）
順序位置効果（ordinal position effect）
知能の発達（development of intelligence）
集合モデル（confluence model）
社会階層（social class）

やってみよう——研究案

仮説　出生順位（あるいは家族サイズ）とIQとに関連がある。

参加者　誰でも可。

研究デザイン　心理測定テストを用いた相関研究。
・知能テストを選択。アイゼンク（Eysenck）は『自分のIQをチェックする（*Check your own IQ*）』（Penguin, 1990）という本を出している。これにはいくつかの適切なテストが載っている。レーヴン・マトリックス検査は学校で利用させてもらえるだろう(訳注)。
・出生順位や家族サイズを含む人口統計学的情報を集める。
・参加者が当該のテストをやったことがないことを確認する。適切なテスト条件を整える。
・研究から一人っ子を除外してもよい。一人っ子を加えた場合は，もう一つの仮説として分析できる。

倫理的配慮
・インフォームド・コンセントを得ること，相手を偽ったり不必要な不快感を与えないようにすること，秘密を守ること，を忘れてはならない。このことは知能テスト得点のようなデリケートなデータを扱う際には特に重要である。
・参加者にきちんと説明し，テスト結果やその他のデータの公表を拒否する

訳注　視覚を介した推理能力を測定する非言語的テストとしての日本版レーヴン色彩マトリックス検査は，1993年に日本文化科学社から出されている。これは，知的な障害のある人，失語症の人，高齢者などを対象としたものである。能力的な問題が特にない人の場合は，レーヴン標準マトリックス検査が適していると思われるが，これの日本語版はまだない。知能検査として日本語版が標準化されているものでは，田中ビネー式知能検査（1987，田研出版），非言語性知能の測定をするならば，WAIS-Rの動作性下位検査（1990，日本文化科学社）などが使えるだろう。

権利を保証すること。

実験の統制
・知能の妥当性のテスト。
・単純盲検法。
・教示と条件の標準化。

実験材料
・知能テスト。
・標準化された教示文とデブリーフィング用のメモ。

データ分析
・記述統計：平均，明確なタイトルのついた表や図／散布図。
・家族内の位置（もしくは家族のサイズ）とIQテスト得点との相関テスト。
・オプション：差の検定。一人っ子と第1子の比較をせよ。

ワーク12
選挙のコマーシャル

研究の概要

この研究は、政治メッセージの分析法の一例である。2人のアメリカ大統領候補の選挙活動のための広告が、肯定的メッセージと否定的メッセージをどのくらい使用していたかに焦点を合わせている。その結果、デュカキスが理想やビジョンに訴えたのに対し、ブッシュ（大統領に選ばれた）は肯定的な実績に言及したという違いが明らかにされた。追試を行うには、文書資料や映像資料の内容分析が必要になる。研究結果をどのように応用するかが主要な問題である。

イントロダクション

他者知覚は相手の着ているものや振る舞い、話題の種類によって影響される。スナイダー（Snyder, 1979）は、「セルフ・モニタリング」という概念を導入している。自己の行動をたえずモニターし、それが他者にどのような効果を与えるかを手がかりに、うまく行動を調整できる人がセルフ・モニタリングの高い人である。

経営や政治の場では自己呈示のうまさが死命を制する。契約や当選のいかんは、それにふさわしいイメージを伝えられるかどうかにかかっている。そのようなイメージがどのように伝わるかを分析し、人をひきつける自己呈示をどのようにすればよいかを助言することが、徐々に心理学者に求められるようになってきている。

レザース（Leathers, 1986）は、アメリカ大統領選挙活動中に行われた一連の

テレビでの討論会の例をあげている。第1回の討論会の時点では、現職大統領のフォードの評価が対立候補のジミー・カーターを上回っていた。そこで、カーター陣営は社会心理学者のレザースの助言を求めたのである。レザースは放映されたテープを詳細に調べ、フォードのほうが巧みな視覚手がかりを用いて優勢さを伝えていたと結論した。すなわち、演説をするのに足をわずかに開いて立ち、空手のようなジェスチャーをし、相手をしっかりと見据えていた。一方カーターのほうは、目は落としぎみでジェスチャーは少なく、固い姿勢のままであった。レザースの助言は、カーターのスタイルを従順で防戦的なものから、フォードと対等なものへと変えることであった。第2回の討論会ではカーターは勝利したと判断され、最終的に大統領に当選したのである。

キースタディ——ハッカーとスワン「ブッシュとデュカキスの1988年大統領選挙活動コマーシャルの内容分析」

　ハッカーとスワン（Hacker & Swan, 1992）は、選挙活動戦略の別の側面、すなわち自分の候補者を「売る」ために各政党が作るテレビ広告に焦点を合わせた。これらの広告の大きなねらいは、候補者の長所を強調するとともに、相手候補の弱点を浮き立たせることである。このようなスポット広告はシンプルな表現で、テレビ討論会よりはるかに広範な視聴者が見るので、強い影響力をもっていると考えられる。
　この研究の問いは、以下の2点である。
(a) 両陣営（ブッシュとデュカキス）で、どのようにメッセージや訴えが異なるのか、あるいは共通するのか。
(b) 両陣営のテレビスポット広告に特徴的なメッセージやテーマは何か。
(Hacker & Swan, 1992, p.368)

方　法

サンプル

　ハッカーとスワンは1988年の秋に選挙活動のテレビスポット広告を17本録画し、そこからランダムに両陣営5本ずつを選んで分析対象とした。

研究デザイン

ハッカーらはまず，分析対象以外の他のスポット広告をもとに，「相互排反的で包括的な」コーディング・システムを開発した。ひとつのメッセージ（たとえば候補者や問題についてのひとつのまとまった場面や言及）がコーディングの単位となった。それらのコーディング単位は，メディアの次元（音声，視覚，文字，候補者の非言語（NV），特殊効果）によってまず分類され，次にメッセージの訴えのカテゴリー（表12.1参照）によって分類された。

表12.1　メッセージの訴えのカテゴリー

肯定的連想	肯定的な効果をもたらすような人物や場面に候補者を結びつける訴え
否定的連想	否定的な効果をもたらすような人物や場面に候補者を結びつける訴え
肯定的実績	候補者が過去に肯定的なことを行ったことを示す訴え
否定的実績	候補者が過去に否定的なことを行ったことを示す訴え
修辞的質問	視聴者を振り向かせ考えさせるための質問の形をとった訴え
家族	アメリカ人や候補者の家族の場面を示す訴え
人道主義への関心	人道主義の訴え。子どもと一緒にいる候補者を映すことがよくある
肯定的特性	候補者の個人的特徴を肯定的に示そうとする訴え
否定的特性	候補者の個人的特徴を否定的に示そうとする訴え
理想・ビジョンの言及	スローガンのような候補者の理念を示す訴え
愛国心	昔の戦争記録映画や星条旗がはためいている写真など，強い愛国心を引き起こすような訴え
恐怖心	相手候補が勝った場合に生じることを視聴者に恐れさせるような訴え
肯定的問題見解	ある問題に関する候補者の見解を肯定的に示す訴え
否定的問題見解	ある問題に関する相手候補の見解を否定的に示す訴え

出典：すべての表は，Hacker & Swan（1992）より。

手続き

ハッカーら2人の研究者がコーディングを行ったが，コーダー間の信頼性は0.89であった。コーディングの一致しなかったメッセージについてはさらに両者で協議し，それでも一致にいたらなかった場合は最終的にコード化不能とされた。

結　果

表12.2，12.3，12.4に結果が示されている。

表12.2　ブッシュ陣営のコマーシャルの度数集計

	メディア次元					全体	
	音声	文字	視覚	NV	特殊効果	N	%
肯定的連想	0	0	7	2	1	10	5
否定的連想	2	0	7	0	11	20	11
肯定的実績	14	18	13	0	12	57	30
否定的実績	9	8	1	0	0	18	10
修辞的質問	2	1	0	0	1	4	2
家族	0	0	0	0	0	0	0
人道主義への関心	0	0	0	0	0	0	0
肯定的特性	8	3	6	15	13	45	24
否定的特性	2	0	2	6	3	13	7
理想・ビジョンの言及	1	3	1	0	0	5	3
愛国心	0	0	1	1	0	2	1
恐怖心	5	1	1	0	2	9	5
肯定的問題見解	0	0	0	0	0	0	0
否定的問題見解	1	2	0	0	0	3	2
全体	44 (24%)	36 (19%)	39 (21%)	24 (13%)	43 (23%)	186 (100%)	

表12.3　デュカキス陣営のコマーシャルの度数集計

	メディア次元					全体	
	音声	文字	視覚	NV	特殊効果	N	%
肯定的連想	0	0	0	0	0	0	0
否定的連想	1	2	7	0	4	14	12
肯定的実績	3	3	0	0	2	8	7
否定的実績	6	3	2	0	2	13	11
修辞的質問	3	1	0	0	1	5	4
家族	0	0	1	0	1	2	2
人道主義への関心	0	0	1	0	1	2	2
肯定的特性	3	2	5	7	1	18	16
否定的特性	8	0	2	4	5	19	16
理想・ビジョンの言及	10	7	1	0	6	24	21
愛国心	0	0	1	0	0	1	1
恐怖心	3	1	1	0	1	6	5
肯定的問題見解	2	2	0	0	0	4	3
否定的問題見解	0	0	0	0	0	0	0
全体	39 (34%)	21 (18%)	21 (18%)	11 (9%)	24 (21%)	116 (100%)	

表12.4　両陣営のコマーシャルの比較

	ブッシュ		デュカキス		
	平均	SD	平均	SD	F
肯定的連想	0.40	1.08	0	0	3.43
否定的連想	0.80	1.50	0.56	1.16	0.40
肯定的実績	2.28	3.70	0.32	0.90	6.61*
否定的実績	0.72	1.62	0.52	1.05	0.27
修辞的質問	0.16	0.37	0.20	0.41	0.13
家族	0	0	0.08	0.28	2.09
人道主義への関心	0	0	0.08	0.28	2.09
肯定的特性	1.80	2.24	0.72	0.61	5.42*
否定的特性	0.52	1.16	0.76	1.23	0.50
理想・ビジョンの言及	0.20	0.41	0.96	1.67	4.88*
愛国心	0.08	0.28	0.04	0.20	0.34
恐怖心	0.36	0.64	0.24	0.52	0.53
肯定的問題見解	0	0	0.16	0.55	2.09
否定的問題見解	0.12	0.44	0	0	1.86

* = $p < .05$

　注目すべきは，ブッシュ陣営のスポット広告で頻繁に現れたカテゴリーの上位5位は，肯定的実績（30％），肯定的特性（24％），否定的連想（11％），否定的実績（10％），否定的特性（7％）だったことである。これに対して，デュカキス陣営の上位5位は，ビジョンへの言及（21％），肯定的特性（16％），否定的特性（16％），否定的連想（12％），否定的実績（11％）であった。

考　察

　内容分析の結果は，ブッシュ陣営がデュカキス陣営より肯定的な実績や特性に関するメッセージを有意に多く使用していたことを示している。さらに，デュカキス陣営のほうが候補者のビジョンを訴えることに重きをおいていたことも，もうひとつの有意な結果である。

　肯定的メッセージの数自体が多くはないので上記の結果はそれほど重要とはみなされないかもしれないし，有権者もこのような訴えを重視していないかもしれない。しかしブッシュが選挙戦を制したという歴史的事実からすると，ブッシュ陣営が用いたメッセージの種類が功を奏したと考えられよう。

考えてみよう

1. テレビ広告は選挙活動を評価するに有効な手段と思うか。その理由は？
2. この研究で用いられたサンプルについて意見を述べなさい。
3. コーディング・システムは,「相互背反的で包括的」であるようにデザインされた。この意味は何だろうか。
4. メッセージのコード化にあたって,どのような問題がおこりえるか。
5. ハッカーとスワンは,結果をすべて表で示したが,他の表示法を工夫しなさい。
6. この研究では,選挙活動のどの時点で分析が行われたかなど,いくつかの大事な要因に関する記述がない。このことはどのように結果に影響したと思うか。
7. ブッシュの勝利を別の要因で説明できないだろうか。
8. 選挙活動の助言者として心理学者が雇用されることに伴う何らかの倫理的問題はあるか。
9. 選挙活動の広告を成功させるために候補者に助言するなら,どのような助言をするか。

文　献

引用文献

Hacker, K.L., & Swan, W.O. 1992 Content analysis of the Bush and Dukakis 1988 presidential election campaign commercials. *Journal of Social Behavior and Personality*, **7**, 367-374.

Leathers, D.G. 1986 *Successful nonverbal communication*. Cambridge: Cambridge University Press.

Snyder, M. 1979 Self-monitoring processes. In L. Berkowitz (Ed.) *Advances in experimental social psychology* Vol. 6. New York: Academic Press.

推薦文献

Meadow, R.G., & Sigelman, I. 1982 Some effects and noneffects of campaign commercials: An experimental study. *Political Behaviour*, **4**, 163-175.

訳者補遺

飽戸弘(編)　1994　政治行動の社会心理学　福村出版

文献検索のためのキーワード

政治広告(political advertising)
コマーシャル(commercials)
説得的メッセージ(persuasive messages)
態度(attitudes)
態度変化(attitude change)
セルフ・モニタリング(self-monitoring)

やってみよう──研究案

仮説　　候補者 X は候補者 Y より否定的なメッセージを多く使う。

サンプル　　政見放送。

研究デザイン　　広告メッセージの内容分析。
・コーディング・システム開発のための予備研究。ハッカーとスワンのシステムを，サンプルとして使用する政権放送用に修正する。上記の仮説を検証するツールとしては，否定的メッセージだけみればよい。その他のメッセージはすべて「その他」と分類すればよい。
・代表的なサンプルになるよう選んで政見放送をビデオ録画する。
・少なくとも 2 人（あなたを含めて）でコーディングを行い，事後検討を行う。

倫理的配慮
・コーディングを行う判定者にはインフォームド・コンセントを得，事後にデブリーフィングすべきである（たとえば結果を示す）。

剰余変数の統制
・判定者は互いに独立にコーディングを行う。理想的には研究目的を知らない判定者が望ましい。
・標準化されたコーディング・システム。

研究材料
・政見放送のビデオテープ。
・コーディング用紙。

データ分析
・記述統計：平均，明確なタイトルのついた表や図。
・連関度の検定：否定的なメッセージの頻度を数える。2×1（X 対 Y）の χ^2

検定。
・オプション：平均値の差と1要因の分散分析。ある平均値が他の平均値と有意に異なっているかをF比を用いて検証できる。

ワーク 13
単純存在と社会的促進

研究の概要

他者の存在によって遂行が改善されること（社会的促進）は，一般に評価懸念によって説明されることが多い。この実験では，評価懸念によらなくても優勢課題と非優勢課題における社会的促進効果を説明できることを示す。追試は比較的容易である。問題点はディセプションと実験協力者（サクラ）の使用，ボランティア・バイアスである。

イントロダクション

社会心理学で最初の実験を行ったのはノーマン・トリプレット（Triplett, 1897）である。彼は，自転車競技の選手がひとりで練習しているときよりレースで競走しているときのほうが速く走るのを見て，他者の存在がより大きな競争性を生み出すとの仮説を立てた。そして子どもたちに釣りのリールをひとりもしくは他者と一緒に巻かせることでこの仮説を検証しようとし，その結果，一緒に並んで作業をすること（共行動）が遂行レベルを高めることを見いだした。

その後の研究により，このような社会的影響のさまざまな特質が発見されている。ザイアンス（Zajonc, 1965）は，優勢反応と非優勢反応を区別した。前者は生得的もしくは習熟した比較的単純な運動課題であり，少なくともその遂行量に関しては他者存在によって促進される（**社会的促進**）。これに対して，後者は新奇な概念課題であり，他者存在によってその遂行が抑制される（**社会的抑制**）。

課題が優勢反応か非優勢反応かによって，他者と一緒に作業する状況（共行動効果）や他者に見られている状況（聴衆効果）で，課題遂行が促進されたり抑制されたりする。これは，他者からどのように思われているかへの懸念（評価懸念）によっていると考えられる。評価懸念は覚醒レベルを上げ，それによって容易な課題では課題遂行が促進され，困難な非優勢課題では抑制される。
　人は互いに相互作用する。このことは，ブレインストーミングのように，個人より集団のほうが発想の質に優れている場合に肯定的な効果をもつこともあれば，リンゲルマン効果のように社会的手抜きをもたらすこともある。リンゲルマンは，綱引きをチームで行うときは個人同士でやるときよりも一人ひとりが力を出さないことを示した。

キースタディ――シュミットら「単純存在と社会的促進」

　シュミットら（Schmitt et al., 1986）は，「社会的促進に関するザイアンスの論述のもっとも興味深い点は，他者が単に存在する（単純存在）だけで課題遂行が向上しうるという主張である」と述べる。ザイアンスの主張はいささか理解しにくい点がある。他者が観察してはいるが何らかの理由で課題遂行を評価できないときには，遂行者は評価懸念を経験しないはずだからである。
　シュミットらの仮説は，他者が単純に存在しているだけで遂行者の覚醒レベルが増大し，したがって優勢（習熟した）課題では課題遂行を速め，非優勢（新奇な）課題では遂行速度を遅くするだろうというものであった。
　この仮説を検証しようとしたそれまでの研究では，たとえ直接の観察者がいなくても，参加者は実験中評価されているという感覚をもっている事実が見落とされていた。この可能性を排除するには，参加者の遂行レベルが測定されている間，自分の遂行活動が実験の一部ではないと参加者たちに思わせる必要がある。そのためにマーカス（Markus, 1978）は，参加者に実験の準備として自分の靴を脱ぎ（優勢課題），用意された実験用の靴下と靴をはき実験着を身につけさせる（非優勢課題）という場面設定を行った。実験は中止され，参加者たちはこの一連の作業を逆順に行わなければならなかった。このマーカスの研究では，「ひとり」条件に比べて「単純存在」条件で参加者たちは実験着の場合より自分の靴を着脱する場合のほうが早くなることが見いだされたのである。しかしながらこの実験で，「単純存在」という意味は，他者が参加者に背を向けてい

るということであった。これは必ずしも何も見られていないということと同義ではなく（いつ振り返って見られるかもしれない），評価懸念を経験するかもしれない。シュミットらは，見られるという可能性をすべて排除した実験を行い，「単純存在」仮説をもっと適切に検証しようとした。

方　法

参加者
54名の男女大学生が，感覚遮断実験の一部として自発的に参加した。

研究デザイン
実験開始に先立って参加者の背景情報をいくつか尋ねるという場面設定がなされた。参加者はコンピュータの前に座り，以下のような質問を提示された。
- あなたの名前は？（やさしい習熟課題。）
- あなたの名前を逆順にタイプし，各アルファベットの間に数字を昇順で入れてください。（困難な新奇課題。）
- その他の緩衝質問。

手続き
参加者は以下の3条件のいずれかにランダムに割り当てられた。
1. 「ひとり」条件：実験者は，参加者が質問に回答している間，質問の終了を知らせるベルが鳴るまで戻らないといって，参加者をひとりで部屋に残し出て行く。
2. 「単純存在」条件：質問に回答中，実験協力者（サクラ）が部屋の中に同席する。実験協力者は目隠しとヘッドフォンをつけ，参加者に背を向けて座っている。参加者は，その協力者は感覚遮断実験を行っているところだと説明される。実験者はワンウェイミラー越しに観察を行った。
3. 「評価懸念条件」：実験者が同席し，参加者の肩越しにじっと観察する。

したがって実験は，3つの条件下で新奇課題もしくは習熟課題を行う2×3の2要因配置計画である。実施時間は約5分。

結　果

　質問への回答が終わったところで実験が終了したことを知らされると，すべての参加者たちが驚きを示したので，ディセプションは成功していたように思われる。回答時間を計られていたことにも誰も気づかなかったと報告している。「単純存在」条件の参加者で，実験協力者（サクラ）に疑念をもった者はひとりもいなかった。

　結果は，表13.1に示されている。繰り返し測度を含んだ2×3の分散分析の結果，課題困難性の主効果（$F(1, 42)=170.33, p<.0001$）と課題困難性と聴衆条件の交互作用効果（$F(2, 42)=3.52, p<.05$）が有意であることが示された。

表13.1　習熟課題と新奇課題の平均遂行時間（秒）

	1人 ($N=15$)	単純存在 ($N=15$)	評価懸念 ($N=15$)
習熟課題	14.77	9.83	7.07
新奇課題	52.41	72.57	62.52

出典：Schmitt et al. (1986) Academic Press, Inc., Florida より許可を得て掲載。

　協力者が同席するだけで，十分「標準的な社会的促進効果」が生じた。すなわち，習熟した課題を行っている参加者の反応時間は速くなり（$t=2.6, p=.0166$），新奇課題を行っている参加者の反応速度は遅くなった（$t=-2.06, p=.0511$）。

考　察

　この研究の結果は，評価懸念は社会的促進効果を増大させることはあっても，必ずしもその必要条件ではないことを示した点で重要である。

　しかしシュミットらは，「単純存在」条件の参加者たちの覚醒状態が別の理由で高まっていた可能性を指摘している。すなわち，目隠しされた実験協力者（サクラ）がいることで，参加者たちも実験の一部としてすぐに同じようなことをしなければならないこと——それは彼らにとってやっかいなこと——を思い出し，そのことによって覚醒レベルが高まったかもしれない。あるいは一方で，感覚遮断実験がそれほど大変なものではないことを知って安心したかもしれな

い。その場合は覚醒状態は高められなかっただろう。

　この要因を統制するために，シュミットらは追加実験を行っている。そこでは実験開始前に，参加者全員に彼らは感覚遮断実験の統制群であることを知らせ，「単純存在」条件では協力者は実験群の参加者であることを伝えた。このような相違にもかかわらず，全般的な結果は同じであった。

　したがって，この実験で示された効果は，主として社会的比較感（からもたらされる覚醒状態）によるものであったというのが彼らの結論である。ザイアンス（Zajonc, 1980）は「単純」ということばは誤解を招く可能性があることを指摘している。誰か他者がいるということが十分意味のあることであって，何らかの社会的比較感をもつからである。

考えてみよう

1. マーカスの実験に関して，使われた課題は優勢課題・非優勢課題をうまく反映するものであっただろうか。言い換えるなら，この実験は仮説検証として妥当だっただろうか。
2. シュミットらの実験課題（独立変数）についてはどうだろうか。
3. 参加者はボランティアである。このことが結果にどのように影響を与えただろうか。
4. 「参加者は3条件のいずれかにランダムに割り当てられた」とは何を意味しているのだろうか。
5. 「評価懸念」条件では，評価されていると参加者たちに思わせることが意図されていた。この条件で参加者の遂行が影響を受けたことの，別の説明可能性がないだろうか。
6. 参加者によって実験協力者の存在を気にする者や気にしない者がいたとすると，結果にどのような影響があっただろうか。
7. ディセプションに関して誰も驚きを示さなかったとしたら，どうすべきだろうか。
8. 分散分析と t 検定を使うことは適切であっただろうか。その理由を述べなさい。
9. 追加実験では，すべての参加者に自分は統制群であると思わせるようにされた。このことはどのような違いをもたらすのだろうか。
10. 人間以外の動物の存在でも社会的促進効果はおこるだろうか。その理由は？

文　献

引用文献

Markus, H. 1978 The effect of mere presence on social facilitation: An unobtrusive test. *Journal of Experimental Social Psychology,* **14**, 380-397.

Schmitt, B., Gilovich, T.K., Goore, N., & Joseph, L. 1986 Mere presence and social facilitation: One more time. *Journal of Experimental Social Psychology,* **22**, 242-248.

Triplett, N. 1897 The dynamogenic factors in pacemaking and competition. *American Journal of Psychology,* **9**, 507-533.

Zajonc, R.B. 1965 Social facilitation. *Science,* **149**, 269-274.

Zajonc, R.B. 1980 Compresence. In P.B. Paulus (Ed.) *Psychology of group influence.* Hillsdale, NJ: Erlbaum. pp.35-60.

推薦文献

Latané, B., Williams, K., & Harkins, S. 1979 Many hands make light work: The causes and consequences of social loafing. *Journal of Personality and Social Psychology,* **37**, 822-832.

訳者補遺

ブラウン，R.　黒川正流・橋口捷久・坂田桐子(訳)　1993　グループ・プロセス　北大路書房

宮本正一　1993　人前での心理学　ナカニシヤ出版

末永俊郎・安藤清志・大島尚　1981　社会的促進の研究：歴史・現状・展望　心理学評論　**24**, 423-457

文献検索のためのキーワード

社会的促進（social facilitation）
社会的抑制（social inhibition）
共行動効果（co-action effect）
聴衆効果（audience effect）
評価懸念（evaluation apprehension）
社会的比較（social comparison）

やってみよう――研究案

仮説　ひとり条件より単純存在条件の参加者のほうが，習熟課題の遂行は速く新奇課題の遂行は遅い。

参加者　読み書きや計算能力のある人なら誰でも可。

研究デザイン　独立測度と繰り返し測度を含む混合型計画。
・参加者に，最初の作業は実験本体の準備作業であると教示する。すなわち，参加者に実験を行っていることに気づかせない盲検法を用いる。
・繰り返し（参加者内）測度：課題1と課題2，さらに緩衝作業。課題1：習熟課題。たとえば，時計で1分測りながら紙に自分の名前を繰り返し書いたり，簡単な足し算をする。時間がきたらやめて実験者に知らせる。課題2：新奇課題。たとえば同じく1分間，自分の名前のカナを逆順に何度も書いたり，繰り上がりを含む長い足し算を行う。（コンピュータや計測装置が使えるならいっそうよい。）
・独立（参加者間）測度：条件A（単純存在）か条件B（ひとり）に参加者をランダムに割り当てる。第三の条件として評価懸念の条件を設けてもよい。
・条件Aの参加者中，半数は課題1→課題2の順に，残り半数は課題2→課題1の順に行わせ，順序効果を相殺すべきである。条件Bについても同様である。

倫理的配慮
・この実験はディセプションを含むので，デブリーフィングに細心の注意を払い，事後にインフォームド・コンセントを得る機会を提供すべきである。
・不必要な不快感を与えないよう注意し，匿名性を尊重し，データの公表を留保する権利を参加者に保証すること。

剰余変数の統制
・参加者に実験目的をさとられないために単純盲検法や緩衝作業を使用。

- 課題の順序効果の相殺。
- 複数の実験条件。
- 各条件へのランダム配置。
- 標準化された教示と条件。

研究材料
- 習熟課題と新奇課題。緩衝課題。
- 標準化された教示文とデブリーフィング用のメモ。

データ分析
- 記述統計：両課題で2つの実験群の遂行量を比較するために平均値を算出し，図表を作る。図表には明確なタイトルをつける。
- 2つの独立な平均値の差の検定：課題1と課題2で2群間の遂行量を比較する。(課題1では条件Bより条件Aの参加者の遂行量が多いであろう。課題2では逆に条件Bより条件Aの遂行量のほうが少ないだろう。)
- オプション：2×2（参加者間要因と参加者内要因）の分散分析。課題のタイプ×条件。

ワーク 14
天候・気分と援助行動

> **研究の概要**
>
> このフィールド実験では，日照が他者を援助しようとする気持ちに正の影響をもたらすというデータを示す。追試は簡単で，通りがかりの人に，全部で80の質問中いくつに答えてくれるかを尋ねるだけである。ただ，必然的にインフォームド・コンセントを欠いてしまうという重要な倫理的問題がある。

イントロダクション

　ある緊急事態で，誰かが援助の手を差し伸べようとするかどうかには，多くの要因が影響する。その場面のあいまいさや責任の分散，援助的介入のコストなどが関連する。非緊急事態における援助行動を扱った心理学的研究では，さらに他の要因もかかわることが示されてきた。そのひとつの重要な要因は天候である。たとえば，ロッカードら（Lockard et al., 1976）は，路上での物ごいは秋より春のほうがうまくいくことを見いだしている。
　心理学の研究は，天候がさまざまな心理過程にもたらす効果に焦点を合わせてきた。たとえば，グリフィットとヴィーチ（Griffitt & Veitch, 1971）は，実験室内が適温のときより暑すぎる状態のときのほうが，参加者の他者評価が否定的になることを見いだしている。またバロン（Baron, 1987）は，空気中の陰イオンが，態度の類似している他者に対する好意度を高め，非類似他者に対しては逆の効果をもたらすことを見いだしている。すなわち，陰イオンは対人感情を強めるのである。さらに，バロンとランスバーガー（Baron & Ransberger, 1978）は，アメリカ合衆国における暴動の記録を40年間以上にわたって分析し，

気温と攻撃行為の間に曲線的関係があることを見いだしている。すなわち，攻撃行為はある点までは気温が上がるにつれて増加していたが，華氏90度（摂氏32度）を過ぎると減少していたのである。

キースタディ――カニングハム「天候と気分，援助行動」

　カニングハム（Cunningham, 1979）は，上述のような先行研究の多くは天候のデータとして1日の平均値を使っており，直接的に天候の効果であるというはっきりとした結論を導くのは困難だと指摘する。すなわち，ある特定の天候変数と観察された行動の発生が連動しているかどうかわからないからである。このような場合，因果関係は存在しないかもしれない。

　この問題を解決するひとつの方法は，統制された実験室研究を行うことであろう。しかし，実験室内で日照や気圧などの天候変数を統制するのは簡単ではない。したがって，実験室外のフィールドにおいて行動観察を行い，同時に焦点となる天候変数の記録をとることが必要となる。

　天候の効果については，先行研究に基づき，多くの予測を立てることができる。

・気圧と援助行動の間に正の相関。
・湿度と援助行動の間に負の相関。
・気温と援助行動の間に逆U字型の（曲線的）関係性，すなわち，気温が極端に高いときや低いときに援助行動はもっともおこりにくい。
・日照と援助行動の間に正の相関。

　上記のいずれの場合においても，気分が媒介変数となることが主張されてきた。

・日照は気分を高め，援助行動がおこりやすくなる。
・気圧の低さや高い湿度，高温は気分を低め，援助行動をおこりにくくする。

方法

参加者
全部で540人の通行人に対して，ミネアポリス市内の2箇所と大学キャンパス内の2箇所のあわせて4地点で質問を行った。

研究デザイン
春，夏，冬の通算36日間にわたって，週日に，1日15人の参加者に接触が試みられた。インタビューアーは，16歳以上に見える通行人に対して，3人目ごとに声をかけた。1日あたり平均4人の人が立ち止まるのを拒否した。雨天の日には実験は行われなかった。

各日の定時（1時間ごと）に，以下の天候データの記録が収集された。

・日照量。露出計で測定。
・月齢。カレンダーによる。
・気温。
・気圧。
・湿度。
・風力。
・一酸化炭素や二酸化硫黄のレベル等の大気汚染。

最初の2つ以外の天候測度は，すべてミネアポリスの全国気象サービスから得た。

手続き
実験者は通行人に近づき，以下のように声をかける。

> こんにちは。ミネソタ大学の社会学科の者ですが，今社会調査を行っています。全部で80個の質問があるのですが，全部でなくてもかまいません。いくつだったら答えていただけますか。

参加者が答えてもよいといった数が，援助の測度となる。答えてくれた後デブリーフィングを行い，参加者の性とだいたいの年齢を記録した。

結　果

表14.1に示されるように，予測どおり，日照は援助行動と正に相関し，湿度は負に相関していた。気温と援助行動は，夏季では負に相関し冬季では正に相関しており，先行研究の結果よりは低い華氏65度（摂氏18度）を中点に，曲線的な相関が見いだされた（$p<.001$）。

表14.1　インタビュアーへの援助量と天候および被験者変数の相関

項目	夏季	冬季	全体
日照	0.32*	0.40*	0.36*
気温	−0.16	0.37*	0.11*
気圧	0.03	0.05	0.04
湿度	−0.19	−0.22*	−0.20*
風力	0.20	−0.15	0.01
大気汚染指標（最大）	0.11	−0.12	−0.02
二酸化硫黄	0.02	−0.26*	−0.15*
一酸化炭素	0.12	−0.16	−0.03
月齢[a]	−0.15	−0.16	−0.15*
年齢	−0.10	0.01	0.04
性[b]	0.03	0.16*	0.10

*＝$p<.001$
a＝高値は満月
b＝高値は女性

季節による差異も多少あった。たとえば，気温は夏より冬のほうが有意に援助行動と相関していた。

考　察

曇天の日より晴れた明るい日のほうが援助率は高かった。また，夏には風のある涼しい日の援助率が高く，冬では風のない暖かな日に援助率が高かった。

この効果は，参加者が経験している快適感によるとも考えられる。しかし，この議論は日照の効果を説明できない。ミネソタでは冬の晴天の日はたいてい非常に気温が低いが，それでも日照は援助率の高さと関係しているからである。

カニングハムは，日照は（他の要因に左右されない）独立要因であるという仮説をさらに立て，レストランにおける支払額に対するチップの比率を援助行

動の指標としてこれを検証した。その結果，風や気温のような快適要因を統制してもなお，日照が重要な変数であることが確かめられたのである。

日照は，(ピクニックや海岸のような) 快適な出来事と結びついていたり，環境を明るく刺激的にし，生理的過程に正の効果をもたらすことで，肯定的な気分を引き出しているのかもしれない。

考えてみよう

1. 「曲線的関係」とは何か。
2. 実験者が通行人を止めたのは3人目ごとだけだったのはなぜだと思うか。これはどのような種類のサンプリング法か。
3. 参加者が答えるつもりのあった質問の数が従属変数であった。これは援助行動の妥当性のある測度だと思うか。理由を説明しなさい。
4. 冬と夏の両方で実験を行うことは必要であったか。理由は？
5. デブリーフィングにはどのような内容を含めるべきか。
6. デブリーフィングが結果にバイアスをもたらす可能性はあっただろうか。
7. カニングハムはこの研究を「準実験」と呼んでいる。それはなぜか。(独立変数について考えてみよう。)
8. どのような検定法が使えたか。その理由は？
9. 127ページのカニングハムの議論に照らし合わせて，気象センターからデータを集めることの信頼性はどの程度だろうか。
10. 考察には4つの段落がある。それぞれの段落の趣旨は何だろうか。

文　献

引用文献

Baron, R.A. 1987 Effect of negative air ions on interpersonal attraction: Evidence for intensification. *Journal of Personality and Social Psychology,* **52**, 547-553.

Baron, R.A., & Ransberger, V.M. 1978 Ambient temperature and the occurrence of collective violence: The 'long hot summer' revisited. *Journal of Personality and Social Psychology,* **36**, 351-360.

Cunningham, M.R. 1979 Weather, mood and helping behaviour: Quasi-experiments with the sunshine Samaritan. *Journal of Personality and Social Psychology,* **37**, 1947-1956.

Griffitt, W., & Veitch, R. 1971 Hot and crowded: Influences of population density and temperature on interpersonal affective behaviour. *Journal of Personality and Social Psychology*, **17**, 92-98.

Lockard, J.S., McDonald, L.L., Clifford, D.A., & Martinez, R. 1976 Panhandling: Sharing of resources. *Science*, **191**, 406-408.

推薦文献

Beaman, A.L., Barnes, P.J., Klentz, B., & McQuirk, B. 1978 Increasing helping rates through information dissemination: Teaching pays. *Personality and Social Psychology Bulletin*, **4**, 406-411.

Darley, J.M., & Batson, C.D. 1973 'From Jerusalem to Jericho': A study of situational and dispositional variables in helping behaviour. *Journal of Personality, and Social Psychology*, **27**, 100-108.

訳者補遺

高木修　1998　人を助ける心：援助行動の社会心理学　サイエンス社
ラタネ，B.・ダーリー，J.M.　竹村研一・杉崎和子(訳)　1977　冷淡な傍観者：思いやりの社会心理学　ブレーン出版

文献検索のためのキーワード

天候（weather）
日照（sunshine）
気圧（barometric pressure）
湿度（humidity）
気温（temperature）
援助行動（helping behaviour）
協同（co-operation）
愛他心（altruism）

やってみよう——研究案

仮説　　日照と援助行動の間には正の相関がある。(天候に関する他の側面について予測を立て検証することもできる。)

参加者　　通行人(機会サンプル)。

研究デザイン　　フィールドで行われる準実験。
・通行人に接触するさまざまな場所を選ぶ。
・参加者をどのように選ぶか，援助をどのように査定するか(参加者が答えようとする質問の数など)，日照レベルをどのように記録するかを決める。

倫理的配慮
・参加者からインフォームド・コンセントを得ることは不可能であろう。したがって，デブリーフィングが特に重要であり，データの公表を留保する権利を保証し，事後にインフォームド・コンセントを得る機会を提供すべきである。
・不必要なディセプションをさけ，参加者に不快感を与えないようにすべきである。匿名性を尊重すること。
・ショッピングセンターのような私有地で研究を行う場合には，所有者の許可を得ること。

剰余変数の統制
・単純盲検法。
・複数の場所でデータを収集。
・参加者選択におけるバイアスを低めること。
・標準化された教示と条件。

研究材料
・露出計(日照用)。
・緩衝質問項目。

・記録用の紙。
・標準化された教示文とデブリーフィング用のメモ。

データ分析
・記述統計：平均，明確なタイトルのついた図や図。
・相関の検証：日照量と参加者が答えようとした質問数（あるいは他の援助測度）の相関係数。

ワーク 15
身体的魅力の効果

> **研究の概要**
>
> この実験では，身体的に魅力的であることの有利さが示される。追試を行うには，刺激文と写真が必要となる。データは容易に収集できるだろう。ただしこの研究の主要な倫理的問題は，ディセプションにある。方法論的問題は，参加者が女子学生のみだったことである。

イントロダクション

　心理学の研究によれば，われわれは外見のきれいな人に出会うと，その人は親切で信頼できると考えがちである。逆に，魅力的でないと受け取られると意地悪で信頼できない人とみなされてしまう（テレビでは「悪役」がたいてい大きな鉤鼻だったり眼帯をしていたりするのはこの理由である）。
　社会的に望ましい特性をひとつもっている人は，それ以外にも多くの肯定的な特性を合わせもっているとみなされる傾向を，ハロー効果という。身体的魅力は誰の目にも明白で，印象形成の過程に影響するところが大きいので，とりわけ注目される特性である。

キースタディ——ディオン「身体的魅力と子どもの逸脱行為の評価」

　ディオン（Dion, 1972）は，ハロー効果は早い年齢段階ですでに機能している

と指摘する。たとえば，幼稚園段階でも身体的に魅力的な子どものほうが人気が高い。これをディオンは，子どもたちが社会化の過程で，おとなからこうしたステレオタイプとそれに伴う期待を学習した結果と考えた。おとなが身体的に魅力的な子どもにより好意的になるという知見から，以下の2つの仮説が導かれる。

1. 「魅力的な子どもが悪い行為をした場合，魅力的でない子どもに比べて，普段からそれほど反社会的な傾向をもっているとはみなされない。」おとなは，魅力的な子どもは社会的にふさわしく行動すると期待する。したがって，悪い行為や逸脱行為はそのような期待と一致せず，その子どもの過去や将来の行動傾向には帰属されにくい。これに対して魅力的でない子どもは，より反社会的に行動するだろうと思われているので，悪い行為をするとその証拠とみなされてしまう。

2. 「同じ逸脱行為であっても，魅力的な子どもが犯した場合は魅力的でない子どもの場合に比べて，それほど社会的に望ましくないわけではないと評価される。」この予測も，魅力的な子どもに対する期待と反社会的行為の不一致による。この不一致を解消するために，同じ行為に対する見方が変えられることになる。このことからさらに，魅力的な子どもに対する罰は比較的軽くなりがちであるという予測も成り立つ。

方　法

参加者

大学学部生女子243名。授業の一部として参加した心理学の学生と，報酬（1.50ドル）を受けて参加した社会学の学生。このサンプルは，「この年代の女性は一般的に家庭や小学生に大きな社会化の影響力をもっている」ので適切であるとディオンは論じている。

研究デザイン

$2 \times 2 \times 2 \times 2$ の要因配置計画。したがって全部で16の実験条件がある。独立変数は以下のとおりである。
- 子どもの魅力（魅力的 - 非魅力的）
- 逸脱行為の程度（軽度 - 重大）
- 子どもの性（男子 - 女子）
- 逸脱行為のタイプ（非対人行為 - 対人行為）

参加者は，ある7歳児の行動記録を読まされる。この記録は，学校の教室内や校庭での出来事を記録した教師の日誌からとられたものだと説明された。記録はそれぞれ，子どもの名前と年齢，性，行動の記述とともに，白黒の顔写真が貼られている。

性と魅力度の組み合わせで，全部で4種類の写真が用意された。それらは，9人の判定者が5段階評定を行って選んだものである。

行動の記述は，その子どもの逸脱行為を手短に記述したものであった。以下は，重大 - 非対人行為条件の例である。

> 校庭の片すみに犬がねそべっていた。そのすぐそばに立っていたピーターは，とがった石をいくつも拾って犬に投げつけた。そのうちの2つが犬の足にあたり，血が流れた。犬はキャンキャン鳴きながら飛び上がり，後ずさりした。ピーターは犬が逃げ出すまで，なおも石を投げ続けた。

他の条件では，以下のように上記の記述の一部が変えられた。

・軽度 - 非対人条件：犬のしっぽを踏んでキャンキャン鳴かせた。
・重大 - 対人条件：雪玉の中にとがった氷を入れて友だちの頭をめがけて投げつけ，出血を伴う深い傷を負わせた。
・軽度 - 対人条件：ただの雪の玉を友だちの足に投げ，痛がらせた。

参加者は，その子どもの印象について判断を求められた。

1．両端にだけ「係留語」をつけた17cmの線分形式の評定尺度。参加者は，その線分に印をつけて自分の考えを示し，その印の位置を後で測る。以下の4点について測定。
・その子どもが同じような悪い行為を過去にした可能性（まったくありえない - 非常にありうる）。
・その子どもが同じような悪い行為をこれからもする可能性。（まったくありえない - 非常にありうる）。
・その行為自体の望ましくない程度（まったく何でもない - 非常に望ましくない）。
・その子どもに与えるべき罰の強さ（非常に軽い - 非常に重い）。

2．パーソナリティ特性。

- この後の分析のためにあらかじめ 6 項目が選ばれた（良い-悪い，攻撃的-非攻撃的，陽気-陰気，親切-残酷，正直-不正直，優しい-恐ろしい）。
- 「操作チェック」として，かわいい-かわいくないが含められた。
- 緩衝項目として 9 項目が含められた（参加者の注意をそらすねらい）。

3．自由記述。
- この子どもが悪い行為をした理由。
- この子どもの普段の行動のしかた。

4．その他，以下のような参加者を見つけるための質問。
- 質問を誤解した参加者（結果として，3 人の参加者が除外された）。
- 研究のねらいに気づいた参加者。

手続き

参加者は各実験条件にランダムに割り当てられた。この実験は「子どもの行動に対するおとなの評価」に焦点が合わせられていると教示される。すなわち，行動が直接観察されたときと間接的に知られたときのいずれのほうが「豊かな判断」ができるかを知ることが実験のねらいであり，この実験では間接的な判断が求められることになると説明される。参加者は，現実の行動観察後に判断がなされる場面では「すぐにその観察を何度も見直す」ことができないということをシミュレートするために，行動記録を読み終わったらそれを封筒の中に入れるよういわれる。

結　果

操作チェック

まず分散分析（ANOVA）[1]によって，「魅力的」な子どもはより魅力的と評定されることが確かめられた（女子刺激：$F=93.45$，男子刺激：$F=45.31$，いずれも $p<.001$）。

次に，逸脱行為の種類が弁別的に評定されているかどうかについてのチェックが行われ，重大な逸脱は軽度の逸脱より望ましくないとみなされていることが確かめられた（非対人攻撃：$F=20.74$，対人攻撃：$F=62.82$，いずれも $p<.001$）[2]。

しかし，逸脱行為の重大性×タイプの交互作用効果も認められた。軽度の非

対人攻撃は軽度の対人攻撃より否定的に評定されていた（$F=14.37$, $p<.001$）。

普段の行動傾向

魅力と逸脱行為の重大性の間に交互作用効果がみられた。ディオンは，軽度の逸脱条件と重大な逸脱条件別に，それぞれχ^2検定を行っている。軽度条件では，魅力的な子どもと非魅力的な子どもの普段の行動のしかたの自由記述に差はみられなかった（$\chi^2=3.30$, $df=2$, ns）が，重大条件では有意な差が認められた（$\chi^2=6.26$, $df=2$, $p<.05$）。すなわち，重大な逸脱行為を犯した子どもについては，非魅力的な子どものほうがより反社会的な行動傾向をもっていると記述される傾向が示されたのである[3]。

パーソナリティ特性評定

「正直-不正直」と「陽気-陰気」の2つの特性次元で主効果が認められた。非魅力的な子どもは魅力的な子どもより，不正直で（$F=9.70$, $p<.01$），陰気（$F=4.28$, $p<.05$）だとみなされていた。

「よい-悪い」の次元で，重大性×魅力×性の3次の交互作用も認められた。重大な逸脱行為に関して，魅力的な男子は非魅力的な男子（$F=10.29$, $p<.01$）や魅力的な女子（$F=4.34$, $p<.05$）より否定的に評定された。

逸脱行動の知覚

逸脱行為の望ましくない程度について，魅力の有意な主効果が認められ（$F=3.60$, $p<.06$），魅力的な子どもの逸脱のほうが非魅力的な子どもの逸脱よりそれほど望ましくないわけではないとみなされていた。

注

1. 分散分析（ANOVA）の詳細については，付録Ⅱを参照のこと。
2. 原論文には自由度（df）の記載がない。最近の論文では，自由度を記載するのが望ましいだろう。
3. この分析のために，普段の行動のしかたに関する記述内容を，4人の判定者によって「向社会的」「中間」「反社会的」に分類した。

考 察

おとなは，子どもの過去や将来の行動傾向，パーソナリティについて判断する際に，その子どもの知覚された魅力の影響を受ける。彼らは身体的魅力に基

づく帰属判断をし，それはハロー効果の概念から予測されるものであった。さらに，魅力は逸脱行為自体の知覚にも影響していた。

　このようなおとなの判断が期待につながり，それらが子どもに伝わって，子ども自身の自己評価や将来の行動に影響することが十分考えられるだろう。同じ逸脱行為を行っても，魅力的な子どもと魅力的ではない子どもでは，その後の自分自身への対処がどのように異なるかを明らかにすることが今後の研究課題であろう。

考えてみよう

1. ディオンはサンプルの適切性のポイントを主張している。このポイントはなぜ重要なのだろうか。
2. このサンプルは，結果にバイアスをもたらしてはいないだろうか。もしもたらしているなら，その理由は？
3. 評定は17cmの線分で測定された。この線分の長さはどのような問題をもたらすだろうか。
4. パーソナリティ特性次元項目で，9項目が緩衝項目として含められた。その理由は？
5. 参加者は多数の質問に回答することを求められた。このことは結果にどのように影響しただろうか。
6. 質問を誤解した参加者を見つけるための質問によって3人の参加者が除外された。まったく適当にランダムに回答する参加者がいたとしたら，これをどのように見つけることができるだろうか。
7. 参加者が各条件にランダムに割り当てられたのはなぜだろうか。
8. この研究で統制された要因をあげなさい。それらは有効だっただろうか。
9. この研究では，参加者はひとつの条件だけに参加するという参加者間計画が用いられた。繰り返し測度を用いることはできるだろうか。その場合どのようにすればよいだろうか。繰り返し測度のほうが望ましいのはどのような場合だろうか。
10. 現実の場面（法的な場面や矯正場面）を考えてみよう。この研究の結果をどのように応用できるだろうか。
11. この実験は参加者に対するディセプションを含んでいる。これはどの程度正当化されることだろうか。

12. 分析によって分散分析が使われたり χ^2 検定が使われたりしたのはなぜだろうか。

文　献

引用文献
Dion, K.K. 1972 Physical attractiveness and evaluation of children's transgressions. *Journal of Personality and Social Psychology,* **24**, 207-213.

推薦文献
Benson, P.L., Karabenick, S.A., & Lerner, R.M. 1976 Pretty pleases: The effects of physical attractiveness, race and sex on receiving help. *Journal of Experimental and Social Psychology,* **12**, 409-415.
Dermer, M., & Thiel, D.L. 1975 When beauty may fail. *Journal of Personality and Social Psychology,* **31**, 1168-1176.
Dion, K., Bersheid, E., & Walster, E. 1972 What is beautiful is good. *Journal of Personality and Social Psychology,* **24**, 285-290.
Harari, H, & McDavid, J.W. 1973 Teachers' expectations and name stereotypes. *Journal of Educational Psychology,* **65**, 222-225.
Landy, D., & Sigall, H. 1974 Beauty is talent: Task evaluation as a function of the performer's physical attractiveness. *Journal of Personality and Social Psychology,* **29**, 299-304.

訳者補遺
大坊郁夫　1997　魅力の心理学　ポーラ文化研究所
古畑和孝　1993　好きと嫌いの人間関係：魅力と愛の心理学　有斐閣
奥田秀宇　1997　人をひきつける心　サイエンス社

文献検索のためのキーワード

印象形成（impression formation）
魅力（attractiveness）
ハロー効果（halo effect）
人気（popularity）
自己概念の発達（development of self-concept）
非行者／犯罪者に対する知覚（perception of wrongdoers/criminals）

やってみよう──研究案

仮説　魅力的な子どもは魅力的でない子どもに比べて正直だと知覚される。（オプション：魅力と逸脱行為の重大性に交互作用効果がある。）

参加者　18歳以上の人。

研究デザイン　参加者間計画の実験。
・だいたい同じ年齢の子どもたちの写真を集める。複数の判定者に互いに独立に魅力度を判断させ，「魅力的」な写真と「非魅力的」な写真を1枚ずつ選ぶ。
・刺激文を2種類作る。いずれも非対人行為であるが，一方は軽度の逸脱行為で他方は重大な逸脱行為とする。この刺激文の適切性も，独立の判定者によって確認できる。
・査定具を用意する。それらには，パーソナリティ特性（ねらいとする次元である正直－不正直を含む）と逸脱行為の知覚された重大性の査定（たとえば，その行為の望ましくなさや罰の厳しさ）を含むべきである。
・参加者を4つの実験条件（魅力的／非魅力的写真×軽度／重大逸脱行為）のひとつに割り当てる。
・パイロット研究：自分の研究計画をチェックするために，小規模の研究を事前に行うとよい。

倫理的配慮
・使用する写真やその出所について慎重に考えること。誰しも自分の写真を知らないうちに実験で使われたくはないだろう。
・この実験はディセプションを必要とするので，デブリーフィングに細心の注意を払い，事後にインフォームド・コンセントを得る機会を提供すべきである。
・不必要な不快感を与えないようにするとともに，匿名性を尊重し，参加者にデータの公表を留保する権利を保証すること。

剰余変数の統制
・判定者は互いに独立に判断すること。
・単純盲検法。
・実験目的を隠すために緩衝項目を使用。
・複数の実験条件。
・各条件への参加者のランダム配置。
・標準化された教示と条件。

研究材料
・互いに独立な判定者。
・4つの実験条件に使われる刺激写真2枚（キースタディを参考に）。
・査定具。
・標準化された教示文とデブリーフィング用のメモ。

データ分析
・記述統計：平均，明確なタイトルのついた素データの表や図。
・互いに独立な差の検定：逸脱条件にかかわらず，魅力条件と非魅力条件の正直さの評定を比較する。
・追加仮説。関連性の検定：軽度逸脱行為条件について，魅力（高／低）×知覚された望ましくなさ（高／低）のχ^2検定を行う。重大逸脱行為条件でも同様の分析。
・追加仮説。2×2の分散分析（参加者間）：魅力×逸脱行為の重大性。

ワーク16
防衛的帰属

> **研究の概要**
>
> この実験では，帰属のバイアスのひとつである防衛的帰属を扱う。すなわち，重大にみえる事故ほど，人は誰かに責任を帰属しようとする。この研究を追試するには，事故とそれに責任があるかもしれない人物についての2つの記述が必要になる。これらは，文章もしくは口頭で提示される。主要な倫理的問題は，ディセプションとデブリーフィングである。

イントロダクション

　帰属理論は，他者や自分自身の行動の原因を人はどのように判断するかを説明する。帰属の過程において，人は内的な原因や外的な原因についての推測を行う。そのような推測や帰属は過去経験に基づいて行われるが，しばしば自己に都合のよい方向へバイアスがかかる。たとえば試験に失敗したとき，その原因を自分自身の能力や努力不足（内的要因）のせいにするより，教師の教え方のまずさ（外的要因）のせいにしたほうが気が楽である。

　帰属のバイアスにはさまざまなものがある。もっとも主要なものは基本的帰属バイアスである。すなわち，人は他者の行動を外的要因より内的要因によって説明しがちである。その他のバイアスとして，行為者 – 観察者バイアスや内集団バイアスとならんで，防衛的帰属があげられる。防衛的帰属は事故の例で説明することができる。人は特定の人物によって引き起こされたのではない事故であっても，そのままを受け入れようとするより非難の対象を探そうとする。原因を見いだすことは外界を統制できることを示唆するので，非難や責任の帰

属は人に安心感をもたらす。ラーナー（Lerner, 1980）は，これを「公正世界仮説」と名づけた。天災や災害に対する防衛的な反応は，人々が不安を低減させるひとつの方法でもある。

キースタディ──ウォルスター「事故の責任帰属」

ウォルスター（Walster, 1966）の防衛的帰属に関する研究では，人がどのような条件の下で責任帰属を求めようとするかを問題とし，事故の程度が非難帰属に影響するかどうかが検討された。仮説は以下のとおりである。「事故の結果が重大であればあるほど，その事故に少しでも責任がありそうな誰かに責任を帰属する傾向が高くなる。」

方　法

参加者
心理学概論の受講学生88名。男女約半数ずつ。

研究デザイン
条件は以下の4つである。
1．潜在的有責者だけが損害を被り，その程度は軽微。
2．潜在的有責者だけが損害を被り，その程度は重大。
3．潜在的有責者に加え第三者も損害を被り，その程度は軽微。
4．潜在的有責者に加え第三者も損害を被り，その程度は重大。

条件2と4は実験条件であり，条件1と3はそれぞれの統制条件である。条件3と4は，一般的に損害が重大であるとき，潜在的有責者に責任が帰属されるかどうかを検証する。一方条件1と2は，有責者のみが損害を被るという特定の状況でも，責任帰属が損害の重大性と関係するかどうかを検証する。

各条件は4種類の録音テープで提示される。各々のテープは，以下のような内容で始まる。

レニー・Bの記述。まず母親の証言。彼はよい子で，幼い頃近所で問題をおこ

ワーク16　防衛的帰属

したことが少しあったが，今は何の問題もない。次に学校の教師の証言。課題を完成しなかったことが一度あるが，それはたぶん家庭の経済的問題のためで，熱中型のいい生徒だった。この後に事故の説明。近所の人が普通の落ち着いた口調で話す。「あれはこの夏の終わり頃だった。レニーは車を買ったばかりで……，そう6年落ちくらいの中古だったよ。仲間とダラスにドライブして丘の上に車を停めたのさ。レニーはハンドブレーキをちゃんとかけたって仲間はいってたけれど，車を離れている間に車が動き出したんだよ。ブレーキケーブルがすごく錆びてて切れたに違いないって，後で調べた警官が言ってたよ。いずれにしても，車が坂を走り出したのさ……」

この後，テープ1は次のように続く。

「その車が坂の下まで走ってたら，下にある大きな木に衝突してペシャンコになってただろうな。でもそうはならずにすんだ……道路にちょっと突き出てた古い切り株にぶつかってうまく止まったのさ。バンパーがちょっとへこんだだけですんだらしいよ。レニーは保険には入ってなかったんだ。」

テープ2では，次のように続く。

「駐車していた場所のちょうど前に，古い切り株が道から少し突き出てて，それにうまくぶつかって止まるとよかったんだけれど，それをかするようにして丘の下まで転がっていったのさ……。下にある大きな木にぶつかった上に，はねかえって別の木にも衝突して，ペシャンコ。フレームは曲がり，エンジンもはずれ，シャフトも折れて，車のフロント部分は全壊。レニーは保険には入ってなかったんだ。」

テープ3では，以下のように続く。

「その車が坂の下まで走ってたら，ちょうどそこにある店に飛び込んで，中にいた子どもや店員に大怪我をさせてただろう。でもそうはならずにすんだ……」

この後，テープ1と同じように続く。

テープ4ではテープ2と同じように始まり，さらに以下のように続く。

「……それをかするようにして丘の下まで転がっていったのさ……。ちょうど坂の一番下にある店の窓ガラスに飛び込んで，カウンターの所に立ってた子ども

と店員にあたったんだよ。子どもは軽傷ですんだんだが，店員は重傷でその年いっぱい入院したらしいよ。レニーは保険には入ってなかったんだ。」

テープ1と2は同じ結果を招く可能性があったが，実際の結果は異なっていることに注目されたい。テープ3と4は，テープ1・2と結果の可能性が異なり，レニーに加え第三者の被害の可能性が導入されている。

4つのテープのいずれかを聞いた後で，以下の質問がなされた。

1．（バンパーがへこんだ）（車が大破した）（子どもと店員が怪我を負わされた）自動車事故に対して，レニーに何らかの責任があると思うか。
2．レニーがその車を買ってから事故まで5か月たっていた。この間，彼がブレーキ点検をしたことがあるかどうか，できるかぎり推測してみてほしい。（「きっと点検したに違いない」（1）から「きっと点検していなかったに違いない」（15）までの15段階尺度。）
3．レニーの友だちは車を停めたときにハンドブレーキをかけたといっている。本当にブレーキをかけたと思うか。（15段階尺度）
4．丘の上に車を停めたとき，レニーは車輪を斜めにして駐車したと思うか。（1「できるかぎり車輪を斜めにしただろう」から4「車輪を斜めにすることはしなかっただろう」の4肢選択。）
5．一般的にいって，ブレーキなどの安全装置をどの程度頻繁に点検することが，「道義的責任」だと思うか。（「＿＿月（年）ごと」に記入するか「ブレーキなどの安全装置の点検に道義的責任はない」に印をつける。）回答は「道義的責任はない」に1点を与え，その他は点検間隔の短さにより6点（毎日～2か月ごと）まで得点化。
6．最後に緩衝質問項目として，レニーへの好意度を問うた。

手続き

参加者は2人ずつペアで実験を行った。彼らには，通常の実験の参加者となるのではなく，ある実験の課題や手続きを選ぶ手助けをしてほしいと説明を行い，録音テープを聞いた上でそのなかの人物についての質問に答えてほしいこと，さらにそれが適切なテープを選択するための資料となることを教示した。このようにして，参加者にありのままの回答を促す状況を設定しようとしたのである。

参加者は各条件にランダムに割り当てられ，テープを聞いた後で質問に回答

をした。

デブリーフィングについては，原論文には記載がない。

結　果

質問1については，参加者は結果が重大なときにいっそう大きな責任を帰属した（表16.1参照）。

表16.1　事故に対する責任の平均評定値

実験条件	1	2	3	4
	レニーのみが被害者		第三者も被害者	
	軽微な損害	重大な損害	軽微な損害	重大な損害
Q1　責任性	2.5	3.0	2.6	3.2
Q2　ブレーキ	10.5	11.1	11.9	10.9
Q3　ハンドブレーキ	4.1	4.7	5.1	4.8
Q4　車輪の回転	3.5	3.7	3.5	3.6
Q5　安全装置の点検	3.2	3.7	3.8	4.2

高得点ほど大きな責任，不注意，厳しい基準を評定していることを意味する。
出典：Copyright Ⓒ by the American Psychological Association. 許可を得て掲載。

テープ1よりテープ2を聞いた参加者のほうが（t検定：$t=2.2$, $p<.05$, 両側検定），そしてテープ3よりテープ4を聞いた参加者のほうが（t検定：$t=2.0$, $p<.06$, 両側検定）レニーに大きな責任を帰属した。

軽微な結果（損害）を比べてみると，損害を被るのがレニーだけか第三者も含まれるかにかかわらず，責任性の評定はほぼ変わらないことがわかる。結果が重大な場合でも同様である。事故結果が軽微な場合より重大な場合のほうが，レニーへの責任帰属は大きかった（ANOVAによる；$F(1, 84)=8.73$, $p<.01$）。以上の結果より，誰が損害を被ったかより，損害の程度がレニーに対する責任帰属を規定する要因であることが示唆される。

しかし，このような帰属のしかたには性差がある。男性は条件3（2.3）より条件4（3.4）のほうがレニーに大きな責任を帰属するが，女性は両条件でレニーに対する責任帰属に差がない（いずれも3.0）。さらに条件3における女性参加者のレニーへの責任帰属は，条件1（2.4）より大きくなっている。女性にとっては，重大な結果が可能性にとどまっても実際に生じてもあまり大きな問題ではない。むしろ被害者に第三者が巻き込まれることのほうが重要である。

質問2・3・4は，いずれもレニーの「不注意さ」に関する判断を示している。この3つの質問に対する回答を，分散をそろえた上で合計して，不注意さ判断に関する指標を算出した。表16.1をみると，レニーに対する不注意さの判断は，条件1・3と条件2・4で大きな差異はないことが示唆されるが，分散分析の結果もこれを裏付けている（$F(1, 84)=1.06$, ns）。したがって，結果が重大な場合のほうが大きな責任が帰属されるが，それは不注意さの判断によるものではないことが示唆される。

質問5は，責任帰属の際に参加者が用いる道徳的基準を反映している。表16.1に示されるように，道義的責任として行うべき安全装置の点検について，条件1・3に比べて，結果が重大な条件2・4のほうが厳しく判断していることがわかる（$F(1, 68)=4.07$, $p<.05$）。

考　察

結果が悪いほど大きな責任が帰属されるという仮説は，その結果が潜在的有責者に生じるものであれ第三者に生じるものであれ，支持された。さらに，結果が重大であるほど，あらかじめすべき注意に関する判断が厳しくなる傾向があった。これも責任帰属における結果の役割を強調するものである。人は何か重大なことがおこらない限り誰かを非難しようとはしない。いったん事がおこると，スケープゴートを探そうとするのであろう。

重大な事故になるほど，直接の被害者でない人への責任帰属も大きくなるかどうかは，今後の研究課題である。

性差に関する結果は，道徳的判断と性差についてのギリガン（Gilligan）の見地（ワーク10, 89ページを参照）から考慮することができる。

考えてみよう

1. 参加者を男女同数にすることは重要だろうか。それはなぜだろうか。
2. 使用された質問は，レニーの責任を査定するのにどれくらい妥当だろうか。
3. 緩衝質問項目を含めたのはなぜだろうか。それは必要だろうか。
4. 参加者に対するディセプションは必要だろうか。
5. デブリーフィングをすべきだろうか。その内容は？　デブリーフィングはこの研究全体にどのような影響を与えるだろうか。

6. 質問 2・3・4 の結果を合成するのに分散をそろえた。これはなぜ必要なのだろうか。
7. ウォルスターは，条件 1・2 と条件 3・4 の比較をまったくしていない。結果に照らし合わせてみて，これらの条件の平均値の差の検定をすべきだっただろうか。その理由は？
8. ウォルスターは，「ブレーキチェックの質問は回答しにくく，最初の18人が終了した時点で表現を修正した」と記している。どのようにすれば，このようなことを防げるだろうか。
9. この研究は，現実生活にどのように応用されるだろうか。

文　献

引用文献

Lerner, M.J. 1980 *The belief in a just world: A fundamental delusion*. New York: Plenum.
Walster, E. 1966 The assignment of responsibility for an accident. *Journal of Personality and Social Psychology,* **3**, 73-79.

推薦文献

Jones, E.E., Rock, L., Shaver, K.G., Goethals, G.R., & Ward, L.M. 1968 Pattern of performance and ability to attribution: An unexpected primacy effect. *Journal of Personality and Social Psychology,* **9**, 317-340.
Nisbett, R.E., Caputo, C., Legant, P., & Marecek, J. 1973 Behaviour as seen by the actor and as seen by the observer. *Journal of Personality and Social Psychology,* **27**, 154-164.

訳者補遺

蘭千壽・外山みどり（編）　1991　帰属過程の心理学　ナカニシヤ出版
山本真理子・外山みどり（編）　1998　社会的認知　誠信書房

文献検索のためのキーワード

帰属（attribution）
防衛的帰属（defensive attribution）
帰属のバイアス（attribution bias）
非難（blame）
責任（responsibility）

やってみよう――研究案

仮説　個人の行動の結果がそれほど重大ではない場合に比べて，重大な場合のほうが，当該個人に対して大きな責任が帰属される。

参加者　誰でも可。

研究デザイン　参加者間計画の実験。
・実際の結果が異なっている点を除いて，その他の側面では同じような事故の記述を2種類用意する。これはプリントか録音テープで提示される。
・事故をおこした個人の責任に関する質問を含む質問紙を用意する。その他の緩衝質問を入れるべきである。
・参加者をそれぞれの条件にランダムに割り当てる。

倫理的配慮
・この実験はディセプションを含むので，デブリーフィングに細心の注意を払い，事後にインフォームド・コンセントを得る機会を提供すべきである。
・不必要な不快感を与えないようにするとともに，匿名性を尊重し，参加者にデータの公表を留保する権利を保証すべきである。

剰余変数の統制
・実験群と統制群。
・各条件へのランダム配置。
・要求特性を防ぐための緩衝質問。
・単純盲検法。
・標準化された教示と条件。

研究材料
・事故を記述した刺激文／テープ。
・責任を査定する質問紙。
・標準化された教示文とデブリーフィング用のメモ。

データ分析

・記述統計：平均，明確なタイトルのついた素データの表や図。
・互いに独立な差の検定：両条件の参加者の責任得点を比較する。
・追加分析：性と条件を2要因とするANOVAを用いて，男女差を検討する。

ワーク 17
態度と古典的条件づけ

研究の概要

態度は，しばしば直接的な経験によって学習される。この実験では，言語的コミュニケーションによって態度が条件づけられることを示す。追試を行うには，刺激語のリストを作ることと，ディセプションの使用や否定的な態度の生成といった倫理的問題をいくつか考慮する必要がある。

イントロダクション

態度には3つの成分がある。すなわち，感情的成分（好き嫌い）と認知的成分（事柄や人についての信念），行動的成分（特定の行動傾向）である。

態度の獲得のされ方はさまざまである。たとえば，クモに対する恐怖のように生得的な態度もある（Öhman et al., 1975）。熟知化によって肯定的態度が形成されることもあるし（Zajonc, 1968），社会的モデリングやオペラント条件づけ，古典的条件づけによって，肯定的な態度や否定的な態度が形成されることもある。

キースタディ──シュターツとシュターツ「古典的条件づけによる態度形成」

シュターツとシュターツ（Staats & Staats, 1958）は，「社会的意味をもった言語刺激に対する既存の態度は，他の語を無条件刺激として用いた古典的条件

づけによって変えることができる」という仮説を立て，態度の古典的条件づけについて検討した．社会的意味をもった言語刺激としては，国民名とありふれた男性名が用いられ，無条件刺激としては肯定的ないし否定的な意味合いを含んだ一般的な単語が用いられた．社会的意味をもった言語刺激に対する態度が肯定的ないし否定的になるという結果が予想される．

方　法

参加者
心理学入門の受講学生93名が，コース課題の一部として参加者となった．男女比に関する記述はない．

研究デザイン
実験 I
- 条件刺激 (CS)：6つの国民名をCS語として用いた：「ドイツ人」，「スウェーデン人」，「イタリア人」，「フランス人」，「オランダ人」，「ギリシャ人」。これらの条件刺激語は，5秒間隔でスライド・プロジェクターで提示された．
- 無条件刺激 (US)：US語は，CS語の約1秒後に，実験者によって口頭で提示された．
- 各CS語は18回提示された．したがって，108のUS語を使用した．

参加者は2グループに分けられた．

- グループ1では，「オランダ人」は「贈り物」や「神聖な」，「幸せ」といった肯定的な意味をもった単語と組み合わされ，「スウェーデン人」は「苦い」や「醜い」，「失敗」といった否定的意味合いの単語と組み合わされた．
- グループ2では，逆の組み合わせにされた．
- その他のCS語は，「椅子」や「with」，「12」のような中性語と組み合わされた．

刺激語のリストは160ページを参照のこと．

実験Ⅱ

・CS 語は以下のとおりである。「ハリー」,「トム」,「ジム」,「ラルフ」,「ビル」,「ボブ」。そのうち,トムとビルがターゲット語。

態度測定

視覚的に提示された語に対する態度は,快－不快を両極とする7段階の SD 尺度で測定された。

手続き

参加者にはまず練習課題を与え,実験の本試行に備えさせた。練習試行では,第1課題として5つの国民名を4回ずつランダムに提示し,これを学習させた。第2課題は,聴覚的に提示された33の語の学習であった。参加者にはまず実験者がいった語を,そのつど口頭で繰り返すよう求められた。その後12の語対について,そのいずれが提示された語かについて再認テストが行われた。

参加者たちは,「以上のような2種類の学習を同時に行う場合に,それらがどのように相互に影響しあうか」を調べることが実験の目的であると説明された。さらにそのために,視覚提示される語を見て学習しつつ,同時に聴覚提示される語をいうことに集中しなければならないと説明された。

以上の条件づけのフェーズが終了後,ターゲットの CS 語をそれぞれ提示し,それらに対する参加者の態度,およびその語がリストにあったかどうかを回答させた。

さらに,聴覚提示語についても記憶テストを行った後,最後に,実験の目的などについての参加者の受け取り方が結果に影響を及ぼす可能性があると説明し,実験について参加者が感じたことを書かせた。

結　果

CS と US の組織的な関係に気づいていたと報告した参加者が17人いた。したがって彼らのデータは分析から除いた。これに伴って条件間の参加者数のバランスをとるために,さらに4人のデータを除いた。以上の結果,実験Ⅰでは24人,実験Ⅱでは48人のデータを分析対象とした。

いずれの実験においても,「否定的評価変数」(すなわち,否定的な意味合いをもった US 語) は,有意に不快な方向 (7＝不快) へ態度を変化させていた。表17.1に示されるように,オランダ人以外の CS 語ではいずれも,否定的な US

表17.1 条件づけられた態度得点の平均と標準偏差

グループ		名前			
		オランダ人		スウェーデン人	
		平均	SD	平均	SD
実験Ⅰ	1	2.67	0.94	3.42	1.50
	2	2.67	1.31	1.83	0.90

グループ		トム		ビル	
		平均	SD	平均	SD
実験Ⅱ	1	2.71	2.01	4.12	2.04
	2	3.42	2.55	1.79	1.07

注:快-1,不快-7

表17.2 実験Ⅰ・Ⅱの分散分析の結果

変動因		実験Ⅰ			実験Ⅱ		
		df	MS	F	df	MS	F
被験者間	グループ	1	7.52	4.36*	1	15.84	5.00*
	誤差	22	1.73		46	3.17	
被験者内	条件づけの方向	1	7.52	5.52*	1	55.51	10.47**
	名前	1	0.02	0.01	1	0.26	0.05
	残差	22	1.36		46	5.30	
全体		47			95		

* $=p<.05$
** $=p<.01$

語と組み合わされるとCS語への態度が否定的になっていた。表17.2は,実験Ⅰ・Ⅱのいずれにおいても条件づけが生じていることを示している。

考察

この実験は,参加者の態度反応が直接経験だけではなく,言語的コミュニケーションによっても変化しうることを示した。これによって,「オランダ人は正直だ」というような言語的コメントが,いかにオランダ人に対する肯定的な態度を形成するかを説明することができる。

ただしこの実験の結果は,国民名というラベルに対する態度変化を扱っているだけで,現実の個々の国民に対する行動が変化したことを示すものではない。

考えてみよう

1. この実験のサンプルが，結果にどのようなバイアスをもたらした可能性があるだろうか。
2. US語がCS語の1秒後に提示されたのはなぜだろうか。
3. 態度はどのように測定されたか。態度の測定「道具」について自分の考えを述べなさい。
4. 「練習課題」は，なぜ実験の重要な一部と考えられるか。
5. 17人の参加者を分析対象から除外したことは，結果にどのような影響を与えた可能性があると思うか。
6. オランダ人というCS語への反応が他とは異なっていた理由を考えることができるだろうか。
7. 実験に含まれたディセプションは正当化できると思うか。異議に対してどのように反論できるだろうか。
8. もうひとつの倫理的問題は，態度の条件づけ，特に否定的態度の条件づけである。この問題は容認できないと思うか。どのようにすれば容認できる実験にすることができるだろうか。
9. 本実験の結果をどのように有効に利用することができるだろうか。

文 献

引用文献

Öhman, A., Erixson, G., & Lofberg, L. 1975 Phobias and preparedness: Phobic and neutral pictures as conditioned stimuli for human autonomic responses. *Journal of Abnormal Psychology,* **84**, 41-45.

Staats, A.W., & Staats, C.K. 1958 Attitudes established by classical conditioning. *Journal of Abnormal and Social Psychology,* **57**, 37-40.

Zajonc, R.B. 1968 Attitudinal effects of mere exposure. *Journal of Personality and Social Psychology* (*Monograph*), **9**, 1-29.

推薦文献

Harari, H., & McDavid, J.W. 1973 Teachers' expectations and name stereotypes. *Journal of Educational Psychology,* **65**, 222-225.

Karlins, M., Coffman, T.L., & Walters, G. 1969 On the fading of social stereotypes: Studies in three generations of college students. *Journal of Personality and Social Psychology,* **13**, 1-16.

Katz, D., & Braly, K. 1933 Racial stereotypes of one hundred college students. *Journal of Abnormal and Social Psychology,* **28**, 280-290.

訳者補遺
岡隆・佐藤達哉・池上知子(編)　1999　偏見とステレオタイプの心理学　現代のエスプリ，No.384　至文堂
山本真理子・外山みどり(編)　1998　社会的認知　誠信書房

文献検索のためのキーワード

態度（attitude）
態度形成（attitude formation）
古典的条件づけ（classical conditioning）
偏見（prejudice）
ナショナリズム（nationalism）
ステレオタイプ（stereotype）

やってみよう──研究案

仮説　否定的な無条件刺激（US）と組み合わされた語は，肯定的な US と組み合わされた語より不快と評定される。

参加者　制限はないが，倫理的問題を考慮して子どもではないほうが望ましい。

研究デザイン　参加者間および参加者内計画の実験。
- 条件刺激（CS）として6語を選ぶ。たとえば，よくある姓など。否定的な態度の形成という大事な倫理的問題があるので，US の選択にあたっては慎重であるべきである。形成される態度について考慮すべきである。
- 108個の US 語リストを作る。肯定的な評価意味をもつ語と否定的な評価意味をもつ語を，それぞれ18語ずつ含める。シュターツとシュターツが選んだ語リスト（160ページ）を利用することもできる。これらの語の評価的意味合いは，独立した判定者によって検証できる。
- 参加者を半分に分け，片方には第一のターゲット語を肯定的な US 語と組み合わせ，第二のターゲット語を否定的な US 語と組み合わせる。もう一方の参加者には，組み合わせを逆にする（たとえば，グループ1はジョーンズに否定的語，スミスに肯定的語を組み合わせ，グループ2では逆にする）。視覚的に提示する語はカードに書き，聴覚提示する語は実験者が口頭で言う。
- 順序効果をさけるために，提示順を決める。
- 6つの CS 語評定のための SD 尺度を含む回答用紙を用意する。

倫理的配慮
- インフォームド・コンセント，ディセプション，不快感，匿名性保持を念頭におくこと。参加者にデブリーフィングを行い，データの公表を留保する権利を保証しなければならない。
- US 語の選択にあたっては十分な配慮をすべきである。参加者が実験終了後に実験以前と同じ状態であること，すなわち態度に変わりがないことは，

とりわけ大事である。

剰余変数の統制
・否定的な US 語と肯定的な US 語の出現頻度のバランス。
・CS 語のランダム提示順。
・US 語の評価的意味のチェックのための独立した判定者。
・単純盲検法。
・複数の実験条件。
・実験条件へのランダム配置。
・標準化された教示と条件。

研究材料
・語のリストと回答用紙。
・標準化された教示文とデブリーフィング用のメモ。

データ分析
・記述統計：平均，明確なタイトルのついた表や図。
・平均値の比較。
　・2×2 の ANOVA（いずれも参加者間要因）グループ×名前。
　・あるいは，相関する 2 つの平均値（否定的に条件づけられた CS 語のスコアと肯定的に条件づけられた CS 語のスコア）の比較。

CS-US 語対のリスト

オランダス人 - 美	スウェーデンス人 - 無価値	スウェーデンス人 - 病気	ドイツ人 - ノート
フランス人 - with	スウェーデンス人 - すっぱい	フランス人 - 船	ドイツ人 - 杖
スウェーデンス人 - 泥棒	ギリシャ人 - the	フランス人 - 部屋	オランダス人 - 成功
フランス人 - 自動車	スウェーデンス人 - 敵	スウェーデンス人 - 愚か	ギリシャ人 - 靴下
オランダス人 - 勝利	ギリシャ人 - 箱	フランス人 - デッキ	ドイツ人 - 6
ドイツ人 - ペン	フランス人 - 粘土	フランス人 - モップ	フランス人 - the
イタリア人 - 鍵	スウェーデンス人 - this	イタリア人 - ガラス	イタリア人 - 側
ギリシャ人 - 椅子	フランス人 - 残酷	ドイツ人 - into	フランス人 - 光
フランス人 - 紙	ギリシャ人 - 砂	スウェーデンス人 - 失敗	フランス人 - 3
フランス人 - ひも	スウェーデンス人 - 汚い	イタリア人 - 靴	ギリシャ人 - 受け皿
オランダス人 - 贈り物	オランダス人 - 神聖な	スウェーデンス人 - うんざり	オランダス人 - お金
スウェーデンス人 - 苦い	オランダス人 - 友だち	オランダス人 - 幸せ	イタリア人 - キルト
イタリア人 - 本	フランス人 - 葉	オランダス人 - かわいらしい	フランス人 - it
フランス人 - 手紙	スウェーデンス人 - 悪魔	ドイツ人 - 手袋	イタリア人 - トラック
オランダス人 - 甘い	ドイツ人 - 弦	スウェーデンス人 - 苦痛	イタリア人 - 地面
フランス人 - in	ギリシャ人 - and	イタリア人 - カード	ドイツ人 - ウェイター
オランダス人 - 正直	ギリシャ人 - 点	ドイツ人 - 車輪	スウェーデンス人 - ガレージ
イタリア人 - ラジオ	ドイツ人 - 線	ドイツ人 - on	ギリシャ人 - 毒
スウェーデンス人 - 醜い	ドイツ人 - 列車	ドイツ人 - ソファー	イタリア人 - 12
ドイツ人 - 4	オランダス人 - 貴重	ギリシャ人 - 化粧台	イタリア人 - インク
イタリア人 - コップ	フランス人 - 机	ドイツ人 - トランク	イタリア人 - 店
スウェーデンス人 - 悲しい	ドイツ人 - can	スウェーデンス人 - 恐怖	ギリシャ人 - 数
ドイツ人 - 5	イタリア人 - ことば	ドイツ人 - those	イタリア人 - 帽子
オランダス人 - 賢い	イタリア人 - 鉛筆	スウェーデンス人 - 狂気	イタリア人 - 11
ギリシャ人 - up	オランダス人 - ステーキ	ギリシャ人 - フォーク	ドイツ人 - シャツ
ドイツ人 - ポット	ギリシャ人 - 時計	ギリシャ人 - 8	ドイツ人 - 休暇
オランダス人 - 裕福	イタリア人 - of	オランダス人 - 健全	オランダス人 - 愛

出典：Staats and Staats 1958.

ワーク 18
製品パーソナリティ

> **研究の概要**
>
> この研究では，人々が自動車のオーナーに一貫したステレオタイプをもっていることを示す。ステレオタイプは，形容詞のチェックリストで測定される。このようなステレオタイプは，各種製品のマーケティングにおいて大切である。追試するには，新たにチェックリストを作り態度を検証することが必要である。統計処理を考えて研究計画を練ることが重要な問題となる。

イントロダクション

　広告の目的は，製品の販売を促進することにある。どのような製品であれ，そのイメージや特定のユーザー集団との結びつきがかかせない。たとえばあるビール会社は，自社製品を飲むのは活動的で魅力的な若者だというストーリーを広めようとする。そのようなイメージを身につけたければ，その会社のビールを飲むことだというわけである。

　ビールや煙草のように類似製品が多数ある場合には，それぞれの製品に結びついたイメージが特に重要である。したがって，企業は特別なイメージを作り出して自社製品の差異化を図ることが必須となる。このような結びつきを調べるひとつの方法は，さまざまな製品のユーザーに対して人々が保持しているステレオタイプを探ることである。

キースタディ——ウェルズら「"製品パーソナリティ"研究のための形容詞チェックリスト」

ウェルズら（Wells et al., 1957）は，自動車のオーナーに対するステレオタイプを測定するもっとも簡単で容易な方法として，形容詞のチェックリストを用いた。彼らのねらいは，何らかの予測を検証するというよりは，ステレオタイプ測定法として形容詞チェックリストの使用可能性を探ることであった。

方 法

参加者
大学生100名（それ以上の詳細な情報は記載されていない）。

研究デザイン
ソーンダイク - ロージ単語リスト（Thorndike & Lorge, 1944）（詳細は付録Ⅰ参照）から，表18.1に示されるような形容詞が選ばれた。これらの形容詞は熟知度がもっとも高い語として選ばれたものである。ただし，人より物を形容するような語（たとえば「あざやか」や「辛口」など）や特定の性にしか当てはまらない語（「ハンサム」や「美しい」など）は，除くか表現が変えられている。

ウェルズらは，車名をひとつずつ提示しそのオーナーを特徴づける形容詞を選ばせても，参加者はよほどの自信がない限りは個々の車を区別して回答するのは困難であろうと考え，むしろ，形容詞をひとつずつ提示しそれぞれにもっとも当てはまる車のオーナー（たとえばキャデラックのオーナー，ビュイックのオーナー，シボレーのオーナー）を選ばせるという方法をとった。これは，参加者の判断が絶対的判断ではなく相対的な判断になるという弱点はあるものの，車の区別が強制的に求められることになる。

参加者の「系統的疲労効果」をさけるために，リストの全体を5つの下位リストに分割し順番に使用した。車名の提示順も，特定の車名が同じ順番にならないようバランスがとられた。

手続き
参加者は，それぞれの形容詞にもっとも当てはまる自動車のオーナーを選ぶ

ワーク18　製品パーソナリティ

表18.1　ソーンダイク-ロージ単語リストから選ばれた形容詞

友好的	強い	怒った	人気	太った
のろい	善良	既婚	なじみのない	忍耐強い
現代的	安全	自惚れ	公平	優しい
快適	気難しい	快活	背の低い	正直
貧しい	自然	きびきびした	まじめ	陽気
男性的	悲しい	風変わり	高慢	無口
寛大	若い	頑固	冷たい	高級
強固	平均的	清潔	荒々しい	平凡
旅慣れた	危ない	賢い	鋭い	満足
分別のある	古風	成功	安い	柔らかい
中流	有能	温かい	民主的	貧弱
かっこいい	ありふれた	静か	極上	年とった
女性的	実際的	道徳的	怒りっぽい	親切
扱いにくい	思慮深い	強大	慎重	下層
疲れた	偉い	外国	おもしろい	小さい
勇ましい	裕福	質素	利発	弱い
大声	忙しい	気持ちのよい	独創的	幸せ
愚鈍	機敏	活発	正しい	おだやか
好奇心の強い	堂々	厳しい	いかす	独身
楽しい	悪い	堅実	有名	宗教的
ひょうきん	不思議	上品	自主的	平静
普通	背の高い	一流		

よう求められた。提示された形容詞リストについて，まずキャデラック・ビュイック・シボレーのオーナーのなかから選び，次にシボレー・フォード・プリマスのオーナーのなかから選ばされた。

結　果

それぞれの車のオーナーとの連合が高かった特性が，表18.2に示されている。出現頻度の有意水準が1％以下の特性のみが表中に記載されている。

考　察

この研究は，形容詞のチェックリストを使って，よく知られた自動車のオーナーと結びつくステレオタイプを測定できることを示している。

表18.2　車名とそのオーナーに結びつけられた特性語

自動車のオーナー	特性語
キャデラック	裕福，一流，有名，偉い，極上，堂々，高級，成功，冷たい，自惚れ，気難しい，高慢，太った，強大
ビュイック	中流，勇ましい，男性的，強い，現代的，楽しい
シボレー	貧しい，下層，普通，質素，平凡，実際的，ありふれた，平均的，安い，貧弱，小さい，友好的，背の低い
フォード	男性的，若い，強大，かっこいい，荒々しい，危ない，強い，独身，快活，大声，活発，いかす，背の高い，おもしろい，きびきびした，人気
プリマス	静か，慎重，のろい，無口，道徳的，太った，寛大，おだやか，悲しい，思慮深い，忍耐強い，正直，分別のある，満足

注：特性語は選択の頻度順に並んでいる。

考えてみよう

1. 参加者は3種類の車名からひとつ選ぶという作業を個々の形容詞について順番に行わなければならなかった。このことが回答全体にどのように影響したと思うか。
2. 形容詞のチェックリストはステレオタイプを測定するのに妥当な方法だと思うか。その理由は？
3. 他にはどのようにステレオタイプを測定できるだろうか。
4. ウェルズらは，「100人の大学生から得られた結果を消費者全体の特徴と考えることができないのは明白である。しかしこの限られた集団のなかでの変化は「試験管」としての役割を果たしている」と述べている。この仮定は理にかなっていると思うか。
5. 「系統的疲労効果」とは何だろうか。これは本研究の結果にどのような影響を与えた可能性があるだろうか。
6. 推測統計を使えるようにするには，どのように研究計画を立てればよいだろうか。
7. 読者の理解を高めるのに，どのような記述統計量があればよかっただろうか。
8. ステレオタイプ研究の倫理的問題は？　カッツとブレイリィ（Katz & Braly, 1933）のような他の研究も一緒に考慮しなさい。
9. 1957年に行われたこの研究で扱われたようなステレオタイプは，現代では変化していると思うか。

ワーク18 製品パーソナリティ 165

文　献

引用文献

Katz, D., & Braly, K. 1933 Racial stereotypes of one hundred college students. *Journal of Abnormal and Social Psychology*, **28**, 280-290.

Thorndike, E.L., & Lorge, I. 1944 *The teacher's word book of 30,000 words*. New York: Teacher's College, Columbia University.

Wells, W.D., Andriuli, F.J., Goi, F.J., & Seader, S.A. 1957 An adjective checklist for the study of 'product personality'. *Journal of Applied Psychology*, **41**, 317-319.

推薦文献

Heckler, H.E., & Childers, T.L. 1992 The role of expectancy and relevancy in memory for verbal and visual information: What is incongruency? *Journal of Consumer Research*, **18**, 475-492.

Staats, A.W., & Staats, C.K. 1958 Attitudes established by classical conditioning. *Journal of Abnormal and Social Psychology*, **57**, 37-40. ［ワーク17，152ページも参照。］

Yalch, R.F. 1991 Memory in a jingle jungle: Music as a mnemonic device in communicating advertising slogans. *Journal of Applied Psychology*, **76**, 268-275.

訳者補遺

飽戸弘(編)　1994　消費行動の社会心理学　福村出版
杉本徹雄(編)　1997　消費者理解のための心理学　福村出版
吉田正昭・仁科貞文・天野祐吉・志津野知文　1982　広告の心理：消費者の心をつかむ　有斐閣

文献検索のためのキーワード

ステレオタイプ（stereotypes）
製品パーソナリティ（product personality）
自動車（cars）
広告（advertising）
態度（attitudes）

やってみよう——研究案

仮説　さまざまな自動車のオーナーは，それぞれに異なったパーソナリティをもっていると知覚される。

参加者　誰でも可。

研究デザイン　態度調査。
- よく知られた適切な形容詞（付録Ⅰの単語リストを参照）のリストを作る。別の判断者にそれらの語を肯定的な語群と否定的な語群に分けてもらう。ウェルズらの研究結果を考慮に入れてもよい。
- 順序効果を防ぐために，いくつかの形容詞リストを作る。
- それらのリストを各参加者にランダムに割り当てる。
- よくある自動車の名前をいくつか選ぶ。参加者に，それぞれの形容詞についてもっともふさわしい車のオーナーをひとつ選んでもらう（強制選択）。

倫理的配慮
- 不必要な不快感を与えないようにするとともに，匿名性を尊重し，参加者にデータの公表を留保する権利を保証すべきである。

剰余変数の統制
- 提示順を変える。
- 複数の実験条件。
- 語リストを参加者にランダムに割り当てる。
- 単純盲検法。
- 標準化された教示と条件。

研究材料
- 形容詞リスト。
- 数種類の車名をリストした回答用紙。
- 標準化された教示文とデブリーフィング用のメモ。

ワーク18 製品パーソナリティ

データ分析
- 記述統計：平均，明確なタイトルのついた表や図。
- 「裕福な」「慎重な」といった主要な形容詞（研究計画の段階で「主要な形容詞」を選んでおいてもよいし，事後的にどの形容詞がもっとも頻繁に選ばれているかを見て決めてもよい）の頻度を比較する。それぞれの車について頻度を数え，χ^2 検定を行う。
- 肯定的な形容詞と否定的な形容詞の群に分ける。それぞれの車について，これらの語群の頻度を数え，χ^2 検定を行う。

ワーク 19
ESP——「ヒツジ - ヤギ効果」

> **研究の概要**
>
> この実験は超心理学的現象を信じる人々（これを「ヒツジ」と呼ぶ）が，それを信じない人々（これを「ヤギ」と呼ぶ）に比べて主観的確率の課題ではあまり成績がよくないことを示すものである。主観的確率は，どのくらいそれらしいかについての直観的感覚として定義される。追試は簡単なデータ収集でよい。

イントロダクション

　超心理学者は超感覚的知覚（ESP; extrasensory perception）やサイコキネシスを「サイ（psi）」という用語によって説明する。これは，既知の感覚システムとは何ら関係をもたない仮想の力である。これらのいわゆるサイ現象には，別の説明がある。

　たとえば，シュメードラーとマッコネル（Schmeidler & McConnell, 1958）は，「ヒツジ」と「ヤギ」（それぞれサイ現象を信じる人と信じない人をさす）を区別した。彼らはヒツジが一貫してヤギよりもサイ課題に高い得点をとることを見いだした。そして彼らはこれを「ヒツジ - ヤギ効果」と呼んだ。

　この効果は科学的には説明できないこと（超常現象）に対して，信じているかいないかが成績に影響することを示唆したものである。つまりその人がヒツジかヤギかによるとするものである。しかし，もともとの信念がサイ現象を引き起こすのか，サイ現象の効果として信じるようになったのかは確かではない。

　第二の説明は，ブラックモア（Blackmore, 1992）によって提唱されたもので，サイ現象は認知的錯覚であると示唆した。視覚的錯覚がわれわれの知覚システ

ムについて教えてくれるのと同様に，サイ「錯覚」はわれわれがどのように考えるのかについて教えてくれる。人は周囲におこる事柄を説明したがるものだが，原因をもたない出来事もある。それらはたまたま，他の出来事と同時におこったにすぎない。たとえば，誰かのことを考えていたまさにそのときに，当の人物がたまたま電話してきたりする。なかにはこれを「自分はテレパシー能力者に違いない」という人もいるかもしれない。別の人は「まあ，偶然だね」と言うだろう。超常現象は，実際にはそこに何もなくとも，何らかの説明を作り出すように働く。つまり，因果性の錯覚を作り出すのである。ヒツジはサイによる説明を好み，ヤギは無作為的な説明を受容する。

キースタディ——ブラッガーら「繰り返しの回避における"ヒツジーヤギ効果"」

　ブラッガーら（Brugger et al., 1990）は，ランダム性に関する知覚を測定するために「主観的ランダム生成（subjective random generation, SRG）」を用いた。SRG 課題では，数字列のような，1組のランダムな出来事を生成するように求められる。真のランダムな数列（乱数）には多くの繰り返しがある。しかし，人がランダムな数を生成するときには，こうした繰り返しをさけようとする傾向がある。これを「繰り返しの回避」という。同様のバイアスは「ギャンブラーの誤謬」にもみられる。つまり，ルーレットのプレイヤーは，黒い数字が続いた後では赤い数字が出てくる可能性が高くなると誤って仮定する。実際は，赤と黒の数字が出る確率に変化はない。このことは，主観的確率は数学的に計算された確率とは区別されることを示している。

　繰り返しの回避は，ESP 課題で成績のよい人がいる理由を説明するかもしれない。両方の参加者が同じように疑似ランダム連鎖を生成するなら，片方もしくは双方が真のランダム連鎖を生成するときよりも，反応がより一致しやすくなるだろう。

　この実験の目的は，「繰り返し回避を測度としたとき，ヒツジとヤギでは彼らの主観的ランダムさが異なるかどうか」を検討することである。

方 法 ［実験1：超感覚的知覚］

参加者
62人の心理学の学部学生。4人から6人のグループでテストした。計19人の男子と43人の女子。

研究デザイン
ゼナー・カードが用いられた。それには5つの記号（丸，十字，星，四角，波線）のうちのひとつが描いてある。提示の順序はコンピュータによる乱数列によって決定された。

参加者の反応は，各行5つの記号が並んでいる用紙を用いて記録された。得点化は，ある試行から次の試行に移ったときに選ばれた記号の方向によってなされた。つまり，反応は「縦方向における連続的な空間方向の決定」として捉えられた。選択の印が次の行の同じ列につけられるか，左右に移動してもそれが前の試行と同じ方向の動きの場合には，繰り返しとみなされた。方向選択の繰り返し総数が記録された。

手続き
実験者（E1）がカードを見る。別の暗くした部屋で第二の実験者（E2）が参加者（P）と一緒に座り，合図のランプがついたら，E1が「送信しました」と言う。参加者は回答用紙の「受信した」記号に丸をつけた。

これが10回繰り返された後，参加者は超常現象に関する自分の信念について6段階で評定（強く信じている＝1，まったく信じていない＝6）するよう求められた。

方 法 ［実験2：主観的ランダム生成］

参加者
48人の医学と生物学の学生が個別にテストされた（24人の男子と24人の女子。年齢は20歳から40歳）。

研究デザイン
参加者はサイコロを振るふりをし，1から6の数字を「実際にサイコロを振

ったのとできるだけ同じになるような順番で」いうように求められた。反応は，メトロノームを用いて1秒ごとにひとつの回答のペースで行われた。

この課題の得点は，同じ数字が連続する反復数であった。

手続き

参加者は課題を66回繰り返した。すなわち，66回の反応をした。その後で，超常現象に対する信念について6段階で評定するよう求められた。

方　法　[実験3：ランダムさの評価]

参加者
実験2と同じ。

研究デザイン

参加者はそれぞれ，6つの数からなる2つの数列を示される。それぞれの数列はサイコロを投げた結果だといわれる。一方の数列は他方よりも繰り返しを多く含む。

手続き

参加者は2つの数列どちらかがおこるのを待っているような状況を想像するように求められ，どちらの数列が先に現れやすいかを尋ねられた。

(1) 数列1。
(2) どちらも同じくらい。
(3) 数列2。

これが6回繰り返された。どちらの数列の出現確率も数学的には等しいので，各回とも正答は(2)とした。

結　果

実験1では，3人の参加者が回答用紙をきちんと埋めなかったので，除外された。残りの参加者は28人のヒツジ（信念尺度で1か2を示した者）と17人のヤギ（信念尺度で5か6の者）あるいは中間的（3か4）に分けられた。ブラ

ッガーらは，ヒツジはヤギほど一定方向への反応を示さないことを見いだした（図19.1 (a) 参照）。

図19.1 (b) と19.1 (c) は，実験2，実験3の結果で，同様のパターンを示している。実験2では，ヒツジは有意にヤギより繰り返しが少なかった（$t=1.8$，$p<.05$）。実験3では，ヒツジは有意に正答が少なかった（$t=2.8$，$p<.005$）。

これら3つの実験のいずれにおいても，すべての参加者はチャンスレベルよりも低い成績であった。たとえば，実験1では，チャンスレベルは4.5だったが，全参加者の平均は3.0だった（Wilcoxon $z=-5.58$，$p<.001$）。実験2では，連続する反復の数の期待値は10.8で，すべての参加者の平均は5.9だった（Wilcoxon $z=5.7$，$p<.001$）。このことはすべての参加者に（ヒツジもヤギも），ある種のバイアスが主観的確率にあったことを示唆している。

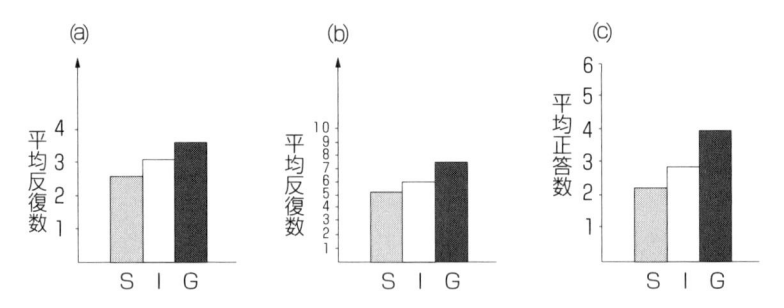

図19.1 ヒツジ (S)，中間者 (I)，ヤギ (G) の繰り返し反応の平均数
(a) ESP 課題（実験1） (b) SRG 課題（実験2） (c) ランダムさの評価課題（実験3）
出典：Brugger et al. (1990). より許可を得て掲載．Copyright ⓒ The British Psychological Society.

考　察

誰もが繰り返しに対するバイアスをもっていることは明らかである。この実験はまた，サイ現象を信ずる人々（ヒツジ）が信じない人々（ヤギ）よりもバイアスが大きいことを示しており，ヒツジ-ヤギ効果が確認された。このことはしたがって，サイ現象の経験的事実を説明することができる。しかし一方で，ヒツジは自分のバイアスと一致する現象をより多く実際に経験しており，ヒツジのランダムさに対するバイアスは彼らの考え方の傾向を反映しているというよりも，経験している現実を反映しているのだということもありえなくはない。しかし，実験3では，すべての参加者は「現実」に生じていることについて反応する機会が与えられ，ヒツジは確率の事実を認識するのにはっきりと抵抗を

示した。

ブラッガーらは，ESP は，主観的確率の効果（Effect of Subjective Probability）を示すものではないかと述べて論文を締めくくっている。

考えてみよう

1. 参加者がボランティアかどうかの記載がない。サンプリングのしかたを記述することは重要だと思わないか。なぜ重要なのか。
2. 実験1では，ゼナー・カードの順序を生成するために乱数列を用いているがこれがなぜ重要だったのだろうか。
3. 実験1では，ブラッガーらは SRG を反応の方向に基づいて評価した。これは従属変数を測定する妥当なやり方だったと思うか。
4. 実験1では，10試行あり，実験2では66試行だった。どちらが望ましいか。なぜだろうか。
5. 「超常現象への信念尺度（Belief in the Paranormal Scale）」は177ページに掲載されている［訳注：この尺度では5段階にしている］。ブラッガーらの実験では，6段階尺度で参加者に信念を評価させている。それぞれのやり方の長所と欠点は何だろうか。
6. SRG 課題の後で信念を評価することは重要だろうか。なぜか。
7. 実験2では，メトロノームによって反応が一定の速度に保たれた。なぜこれが重要なのだろうか。
8. 実験2と3は同じ学生が参加した。ある者は実験2をしてから実験3，他の者は3をしてから2というふうにしたら問題があるだろうか。なぜか。
9. 実験1では何人かの参加者が「除外」されている。これは結果にどのような影響を与えただろうか。
10. t 検定が実験2と3の結果を分析するために選ばれたのはなぜだろうか。

文 献

引用文献

Blackmore, S.J. 1992 Psychic experiences: Psychic illusions. *Skeptical Inquirer*, **16**, 367-376.

Brugger, P., Landis, T., & Regard, M. 1990 A 'sheep-goat effect' in repetition avoidance:

Extra-sensory perception as an effect of subjective probability. *British Journal of Psychology*, **81**, 455-468.

Schmeidler, G.R., & McConnell, R.A. 1958 *ESP and personality patterns*. New Haven, CT: Yale University Press.

推薦文献

Blackmore, S., & Troscianko, T. 1985 Belief in the paranormal: Probability judgements, illusory control, and the 'chance baseline shift'. *British Journal of Psychology*, **76**, 459-468.

Langer, E.J., & Roth, J. 1975 Heads I win, tails it's chance: The illusion of control as a function of the sequence of outcomes in a purely chance task. *Journal of Personality and Social Psychology*, **32**, 951-955.

訳者補遺

菊池聡・木下孝司(編著)　1997　不思議現象：子どもの心と教育　北大路書房
菊池聡　1998　超常現象をなぜ信じるのか：思い込みを生む「体験」のあやうさ　講談社
ガードナー，M. 一松信(訳)　1996　超能力と確率　丸善

文献検索のためのキーワード

SRG（主観的ランダム生成　subjective random generation）
ランダムさ（randomness）
ギャンブラーの誤謬（gambler's fallacy）
認知的錯覚（cognitive illusions）
サイ現象（psi phenomena）
ヒツジとヤギ（sheep and goats）
超常的（paranormal）

ワーク19　ESP──「ヒツジ−ヤギ効果」

やってみよう──研究案

仮説　ヒツジはヤギよりもSRG課題において繰り返しを少なくする。

参加者　誰でも可。

研究デザイン　独立に測度する自然実験。
・参加者にサイコロを振る「ふり」を求める。
・何回の試行が必要か。それはヒツジとヤギの違いを見いだすのに十分だろうか。もし10試行しかしなかったら，違いを見いだすのは困難かもしれない。パイロット・スタディが有用だろう。
・単純な測度で超常現象に対する態度を評価しなさい（上述のように）。さもなければ，177ページの「超常現象への信念尺度（Belief in the Paranormal Scale）」を用いなさい。回答者が期待されていると考える反応をしてしまうのをさけるために，サイコロ課題の後ですべきである。

倫理的配慮
・この実験はディセプションを含むので，デブリーフィングに細心の注意を払い，事後にインフォームド・コンセントを得る機会を提供すべきである。
・不必要な不快感を与えないようにするとともに，秘密を守り，参加者のデータの公表を留保する権利を保証すべきである。

実験の統制
・超常現象への信念を評価する妥当性のある質問紙か測度。
・単純盲検法。
・標準化された教示とデブリーフィング用のメモ。

データ分析
・記述統計：平均，明確なタイトルのついた表や図。ヒツジ，ヤギ，中間的な人の成績がわかるもの。
・対応のない差の検定。ヒツジとヤギの成績をサイコロ振りの課題で比較す

る。
・オプション：ANOVA 1×3。ヒツジ，ヤギ，中間的な人の成績を比較。

ワーク19　ESP──「ヒツジ─ヤギ効果」

超常現象への信念尺度
(Belief in the Paranormal Scale)

教　示
　この質問紙は，さまざまな超常的出来事や現象についてあなたがもっともありえそうだと思っているのはどれか，もっともありえなさそうだと思っているのはどれかを知るためのものです。正しい答とか間違った答というものはありません。さらに，あなたの信念を卑下したりからかったりするものではありません。ですから，できるだけあなたが本当に思っていることを示すようにしてください。もしあなたがあいまいだったりどちらか迷ったりしたら，「どちらともいえない」に印をつけて次の項目に進んでください。あなたの回答は次のように示してください。

　1＝まったく違うと思う
　2＝やや違うと思う
　3＝どちらともいえない，あるいはわからない
　4＝ややそうだと思う
　5＝かなりそうだと思う

1 2 3 4 5	1．私は超心理的現象は本当だと思うし，心理学の一部となるべきで，科学的に研究されるべきだと思う。
1 2 3 4 5	2．すべてのUFO（未確認飛行物体）の目撃例は，他の物理的現象（気象観測用の気球のような）あるいは単なる幻覚である。
1 2 3 4 5	3．私は，チベットの雪男は本当にいると確信している。
1 2 3 4 5	4．私は，幽霊や精霊は存在すると信じている。
1 2 3 4 5	5．黒魔術は実際に存在し，まじめに取り上げるべきものである。
1 2 3 4 5	6．魔女や魔法使いは存在する。
1 2 3 4 5	7．無教養な人や狂った人だけが超自然やオカルトを信じるのである。
1 2 3 4 5	8．超能力者を通して死者と話すことができる。
1 2 3 4 5	9．私は，スコットランドのネス湖の怪獣を信じている。
1 2 3 4 5	10．人が死ぬとその霊魂は幽霊となってときどき戻ってくる。
1 2 3 4 5	11．神秘的な霊的力で空中に浮遊できる（物を持ち上げられる）人がいる。
1 2 3 4 5	12．世界の至るところにたくさん特別な人がいて，未来を予測する能力をもっていると思う。
1 2 3 4 5	13．手相によって未来がわかるという考えは，愚かな人たちの信じることである。
1 2 3 4 5	14．生まれ変わりは歴史上の至るところで生じており，これからも生ずると私は固く確信する。

| 1 2 3 4 5 | 15. 少なくともいつかはESP（extrasensory perception，超能力）を通して他者の心を読むことができると固く信じている。
| 1 2 3 4 5 | 16. ESPは多くの人がもっている特別な才能で，エンターテーナーが使っている洗練されたトリックと混同してはならない。
| 1 2 3 4 5 | 17. 幽霊や魔女は想像の世界のものである。
| 1 2 3 4 5 | 18. 超自然現象は，物理現象と同様の重要さで，科学的研究の一部となるべきだ。
| 1 2 3 4 5 | 19. 超心理的現象の「科学的証明」のすべての報告は，事実的基盤のないまったく興味本位のものである。
| 1 2 3 4 5 | 20. 神秘的処方やおまじないを使って，人に魔法をかけることができる。
| 1 2 3 4 5 | 21. 適切な訓練で誰もが他の人の心を読むことができるようになる。
| 1 2 3 4 5 | 22. 毎日ホロスコープ（星占い）に助言を求めることは賢明である。
| 1 2 3 4 5 | 23. 植物は一種のESPを通して人の感情を感じとることができる。
| 1 2 3 4 5 | 24. ESPの存在は科学的に証明されている。
| 1 2 3 4 5 | 25. 人の心についてはまだまだ私たちは理解できていないので，やがて多くの現象（ESPのような）が存在することが証明されるだろう。

得点化

2, 7, 13, 17, 19の得点は逆転する。すべての反応を加えると最大値は125となる。

オリジナルの測度は77項目で，92人の学部生にテストされた。リカート法の分析によって，信念の強度をもっとも容易に弁別できる項目が，それぞれの内容カテゴリーに均等になるように選択された。カテゴリーは「超自然」「オカルト」「占いと予言」「サイ現象」「物象化」「想像物や文化生活」そして「一般」である。

25項目からなる改訂版が475人の学部生によって標準化された（女性279人，男性196人）。

平均得点＝69.09，標準偏差＝13.38
50以下の得点の人＝10%（あまり信じてない人）
85以上の得点の人＝10%（非常に信じている人）

出典：Jones, W.H., Russell, D.W., & Nickel, T.W. 1977 Belief in the Paranormal Scale: an instrument to measure beliefs in magical phenomena and causes. *JSAS Catalogue of Selected Documents in Psychology*, **7**, 100 (MS. no.1577).

ワーク20
人間の観察者に対する黒クマの反応

> **研究の概要**
>
> この研究では，2つの動物園にいる4頭のクマが観察されたが，その目的は，人間の観察者の存在がクマの行動に一貫した変化を与えるかどうかを明らかにすることにあった。エソグラム（行動マトリックス）が行動をシステマティックに観察するために用いられた。ここでの重要な方法論的・倫理的問題は，動物の自然観察に関してである。

イントロダクション

　すべての研究は妥当性があることを目指している。そのひとつの指標は，生態学的妥当性である。つまり，研究されている行動が自然に生起するものにどの程度近いかである。動物の行動を観察する場合には，たとえ自然環境下においてであっても，観察者が存在することそれ自体が対象となる行動に影響する可能性がある。そのため，研究の妥当性に対する問題提起となる。

　これは，ある種の実験者効果もしくは研究者効果であり，参加対象（動物も含む）の反応性の例である。実験者効果とは，研究において参加対象に影響を与える実験者側の要因である。「参加対象の反応性」とは，いかなる研究の参加者も，人間であれ動物であれ，研究過程に能動的な役割をもち，化学実験での物質のように反応する受動的な対象ではないことを表す概念である。しかし化学実験の物質を受動的とする見方さえ，誤った思いこみかもしれない。ハイゼンベルクの不確定性原理によれば，対象に変化を与えずに何かを観察することはできない。ハイゼンベルクによれば，粒子の位置と速度を同時に両方決定す

ることはできない。なぜなら，いずれか一方を測定するときには，他の測度を変化させてしまっているからである。

キースタディ——ジョーダンとバーガード「人間の存在に対する黒クマの反応性検出におけるエソグラムの適用」

　ジョーダンとバーガード（Jordan & Burghardt, 1986）は，参加対象の反応性という方法論的問題が「複雑な行動レパートリーを観察する研究に問題を提起することになる」ことを示唆した。動物にも参加者反応性を考慮しなければならないとすると，自然研究におけるデータ収集の妥当性に対する挑戦となる。そして，それはまた，控えめな観察者でさえも動物に対してネガティブな影響を与えるかもしれないという倫理的問題を喚起するだろう。

　これまでの人間の観察者に対する反応性の研究によれば，対象の行動がシステマティックに変化することが示されている。クマに関する先行研究に関しては，注意を引くのは観察者の不規則な動きだけであり，クマはすぐに観察者の存在に慣れることが示唆されている。しかし，そうした研究は「セッション内」というよりも「セッション間」の比較に焦点が合わせられていた。この研究はしたがって，クマの観察セッション内とセッション間で，観察者の存在によりさまざまな行動パターンの比率がどのように変化するかを分析することを目的とした。

方　法

参加対象(訳注)

　ジョーダンたちは3年間にわたって合計20頭の黒クマを研究したが，この報告では野生で捕らえられた後人間に育てられた4頭のクマに焦点が当てられた。

　1組のオスとメス（AとB）はゴールドラッシュ・ジャンクション（現在はドリーウッド）の17×88メートルの囲いの中に住んでいた。他のクマのペアはどちらもメスで（CとD），トレモント環境教育センターにある18×18メートルの囲いの中に住んでいた。両方の囲いの図面を図20.1に示してある。

　訳注　"Participants"と記されている。日本語で参加者とするのはなじまないので，参加対象とした。

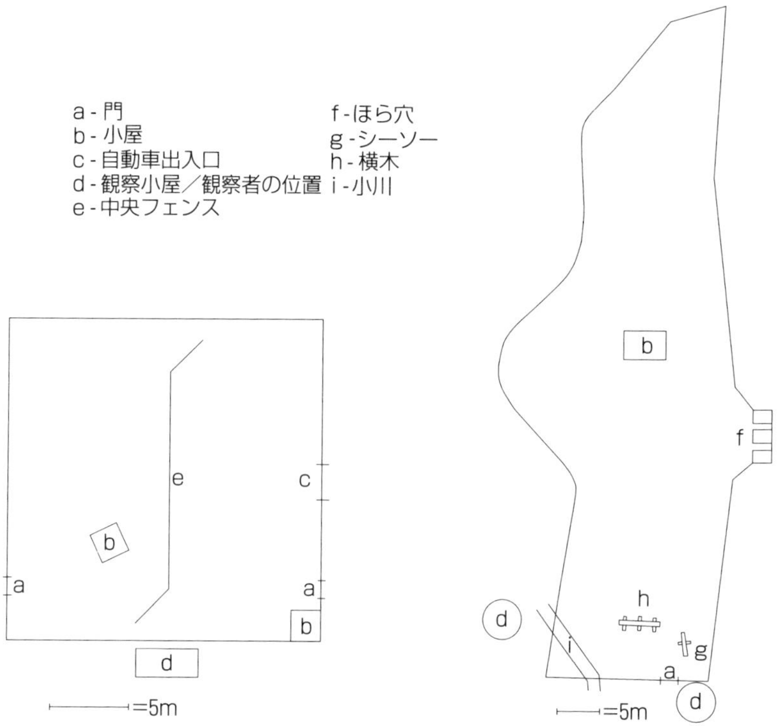

ワーク20 人間の観察者に対する黒クマの反応

```
a - 門            f - ほら穴
b - 小屋          g - シーソー
c - 自動車出入口   h - 横木
d - 観察小屋／観察者の位置  i - 小川
e - 中央フェンス
```

図20.1 トレモント（左）とゴールドラッシュ（右）でのクマの囲いの図面
出典：Jordan & Burghardt (1986)

研究デザイン

観察は30秒間隔で記録された。この研究のために開発されたエソグラムを用いて，各時間ごとにそのときのクマの行動をすばやく見とり，記録がとられた。エソグラムは4つのクラスに分けられていた。

・クラスP：姿勢と移動（posture and locomotions）（表20.1を参照）。
・クラスS：音（sound），顎を突き出す動きに伴うあえぎ，うめき，ハーハーいう音，あえぎにすぐ続く鼻鳴らしや平手で打つ音。
・クラスF：機能的活動（functional activities），物を前足でたたいたり，嚙んだり，警戒の姿勢をとったり，飲んだり，他のクマをたたいたり，伸びをしたり，全身や身体の一部を揺すったりする。
・クラスO：注意を向けたりかかわったりした物（objects），草，花（生物），

表20.1　クラスPの行動の記述

活動水準1：横たわり姿勢	コード
四肢を上に伸ばして仰向けで横たわる	P 6
四肢を両側で前方に伸ばすか前足を前に伸ばし後足を共に一方に伸ばしたうつ伏せ状態	P 7
前足と後足がすべてを一方にして横向きに寝ている状態	P 8
木や他の高くなっている物に横たわっている（あるいは前足で支えてすわっている）	P28
活動水準2：座っている姿勢と四本足で立っている姿勢	
四本足で立っている	P 3
前足を上げて座って上体を起こしている，あるいはほぼ起こしている	P 4
前足を地面に触れて座っている	P 5
木や他の高くなっている物のところで二本足あるいは四本足で立っている	P29
活動水準3：二本足で立った姿勢とゆっくりした移動	
前足で物に触りつつ二本足で立っている，あるいは半立ちしている	P 1
前足の支えなしに二本足で立っている，あるいは半立ちしている	P 2
四本足で歩いている	P11
前足の膝を固定し，関節を伸ばして歩いている。	P18
起きあがる	P33
後ろ向きに動いている	P34
活動水準4：走る，跳ぶ，登るなどの，急速なあるいは活発な活動	
走っている	P19
登っている（多くは木に）	P24
降りている（多くは木から）	P27
少しの距離を走ってから早足で歩いている	P32
ジャンプしている（すべての足が同時に地面から離れる瞬間がある）	P35

藁，葉（無生物），ネズミ，イヌ，観察者（動物），リンゴ，ナッツ（水や食べ物），石，フェンス（他の物），排泄物，空気や土。

手続き

すべてのクマは2年半にわたって，毎朝約1時間（計146時間）観察された。一定の時間間隔ごとに，それぞれのクラスの行動ユニットが記録された。クラスFについては，2つのユニットが同時に起きる可能性があったので，その場合は，普段生じにくい行動についてのみ記録するよう決められた。この決定は，行動の情報価は生起頻度に反比例するという原則に基づくものである。

2人の観察者が独立にデータを集めたが，それぞれのセッションにおける観察者間の一致は80〜98％，平均88.6％であった。

結　果

セッション内効果

2分間ごとのクマの活動水準（activitiy level; AL）が算出された。たとえば，最初の2分間ではクマAの全体活動の42%がAL1（表20.1に定義された活動水準1）に分類された。計30の2分間の活動水準値をプロットすることで，1セッション内の活動性の増減を同定することができる。それぞれの活動水準について散布図が作られた。傾斜がゼロに近づくほど，クマの反応性（活動）の変化が少なかったことを示す。図20.2と図20.3は，2頭のクマの異なる2つの活動水準を示している。

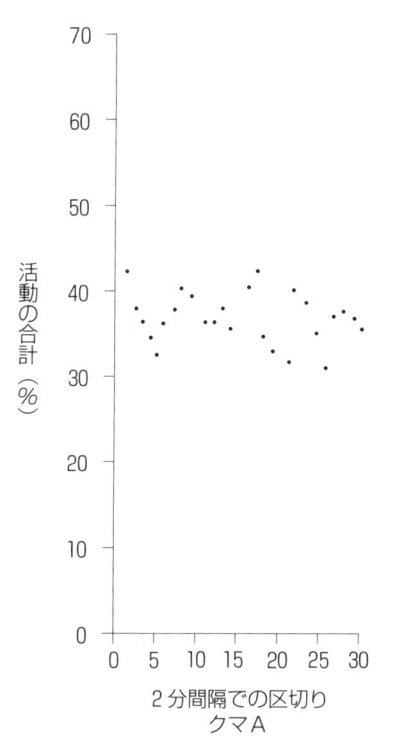

図20.2　ゴールドラッシュのクマAのAL1活動のパーセンテージ。活動水準には有意な増加なし。
出典：Jordan & Burghardt (1986)

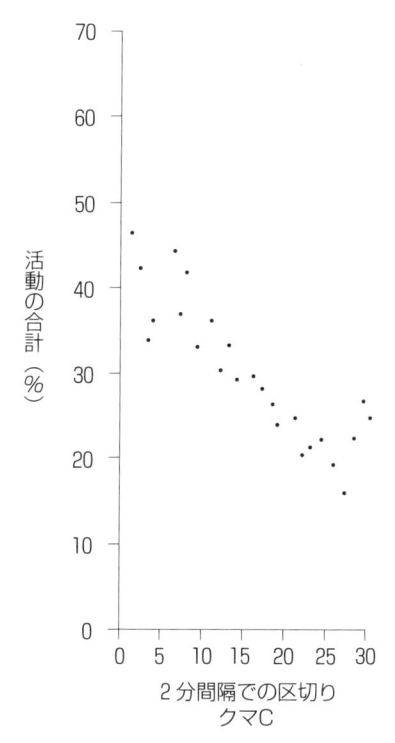

図20.3　トレモントのクマCのAL2活動のパーセンテージ。活動水準にめざましい減少がある。
出典：Jordan & Burghardt (1986)

すべてのクマの活動水準を検討すると，ゴールドラッシュでの活動割合の変化が最小だったといえる。しかし，トレモントではそうではなく，2頭ともAL1活動の増加を示し，同時に他の活動は減少した。

行動における増減のパターンは，日射しの長さのような他の一貫した環境の変化によるということも考えられる。しかし，ゴールドラッシュのクマたちはトレモントより直射日光にさらされていたが，変化は最小だったのである。

長期にわたる馴化

反応性を測定する第二の方法は，たとえば，立ち上がる，見る，においをかぐ，歩きまわるなど，警戒行動と注目行動によるものであった。警戒行動はセッション内の変化をみる有効な測度ではなかった。そうした行動がおこるのは，セッションの初めか，観察者が突然に大きな音をたてたり急に動いたりしたと

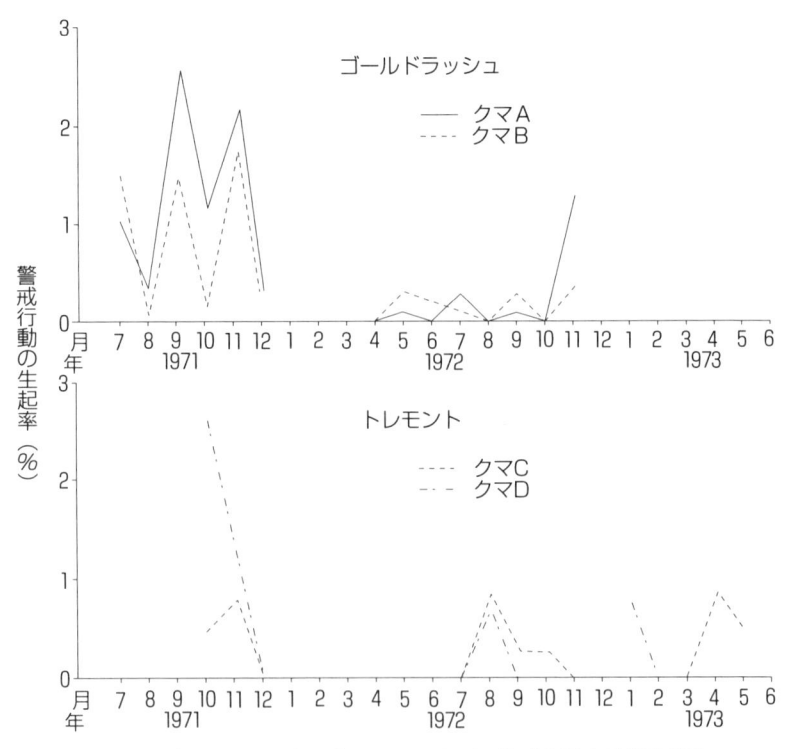

図20.4　ゴールドラッシュとトレモントでの警戒行動の月間生起率。
　　　　なお，10月から5月はゴールドラッシュは閉館していた。

出典：Jordan & Burghardt (1986)

きだけだったからである。

　長い間には，警戒行動や注目行動は全般に減少した（図20.4）。これは長期にわたる馴化（慣れ），あるいは成熟を示すものだったかもしれない。

考　察

　ジョーダンとバーガードは，黒クマが人々の存在に対して一貫した，予測可能な行動変化をすると結論した。

　ゴールドラッシュのクマはトレモントのクマよりも観察者の存在に影響されなかった。このことはいろいろな要因によって説明できるだろう。まず，ゴールドラッシュの囲いのほうが大きく，二重フェンスによって囲まれていた。トレモントでは，クマは観察者のひとりによって観察時間の前に餌を与えられていた。このことは観察者への気づきをより高めただろう。さらに，囲いが狭いために観察者が近くにいることになり，クマは観察者にいっそう気づきやすかったかもしれない。

　もっと大事なのは，ゴールドラッシュでは大きな全体的な刺激があったことである。見学者も多く，公園内の鉄道線路のような多くの騒音があった。これはクマがこうした刺激全般に慣れていたことを意味する。トレモントのクマは公共公園にいたのではなく，滅多に見学者もいなかった。皮肉なのは，クマが外からの刺激に慣れる機会をもつようなあまり自然でない環境にいる場合のほうが，自然な観察ができたことである。

　この研究が自然観察一般に対して重要な意味をもつのは，対象の反応性の役割とそれを統制する方法の必要性を示しているからである。この点は野外観察ではもっとも重要であろう。動物が人間の存在に慣れる機会はほとんどなく，たとえ観察者に慣れたとしても，それによって動物の行動は影響されてしまうだろう。たとえば，グドール（Van Lawick-Goodall, 1971）は，彼女の存在に慣れるとチンパンジーは近づいてくるようになり，彼らを自然な状態で観察する彼女の能力を低めてしまうことになったと記している。

　反応性を除去するためにビデオや望遠鏡などの機器を使うことも可能かもしれないが，実際的ではないだろう。

考えてみよう

1. この研究のクマは生まれたときから捕われていたが、そのことがどのような意味をもっただろうか。
2. 観察者の性別は不要な変数であったと思うか。
3. このエソグラムから除外されている行動の記述について、何か思いつくか。
4. 手続きのところで、「行動の情報価」という語が用いられている。どのような意味だと思うか。
5. 観察は毎朝なされた。このシステムは記録されたデータにどのようなバイアスを与えたと思うか。
6. 日照量の違いがゴールドラッシュとトレモントの活動の違いを説明するかもしれない。他にどんな一貫した環境の変化が活動水準の違いを説明するだろうか。
7. ここで用いられた方法論でもっともよいと思うものは何か。
8. もっとも重大な欠点は何だと思うか。
9. クマが観察者の存在によって「じゃまされた」と思うか。このことは研究を倫理的でないものにしているだろうか。

文 献

引用文献

Jordan, R.H., & Burghardt, G.M. 1986 Employing an ethogram to detect reactivity of black bears (*Ursus americanus*) to the presence of humans. *Ethology* (formerly Zeitschrift fur Tierpsychologie), **73**, 89-115.

Van Lawick-Goodall, J. 1971 *In the shadow of man*. Boston: Houghton Mifflin.(河合雅雄(訳) 1973 森の隣人:チンパンジーと私 平凡社／同 1996 朝日選書 朝日新聞社)

推薦文献

Haynes, S.N., & Horne, W.F. 1982 Reactivity in behavioural observation: A review. *Journal of Behavioural Assessment*, **4**, 369-385.

訳者補遺

糸魚川直祐・日高敏隆 1989 ヒューマン・エソロジー 応用心理学講座11 福村出版

マーチン, P. & ベイトソン, P. 柏谷英一・近雅博・細馬宏通(訳) 1990 行動研究

入門：動物行動の観察から分析まで　東海大学出版会
佐藤郁哉　1992　フィールドワーク：書を持って街へ出よう　新曜社

文献検索のためのキーワード

参加者（参加対象）の反応性（participant reactivity）
クマ（bears）
自然観察（naturalistic observation）

やってみよう——研究案

仮説　観察セッションの初めでは終わりよりもクマはより能動的である。さまざまな動物，さまざまなターゲット行動を選んで仮説を適宜適用してみよう。

参加対象　動物園の動物。

研究デザイン　エソグラムを用いた自然観察。
- パイロットスタディをする。エソグラムのための行動カテゴリーを決定できるだろう。また，観察を遂行するのに伴う問題に慣れ，それを解決する機会ともなる。
- エソグラムを完成させる。これは，略号や記号化のシステムを決定することを含む。
- 行動のサンプリング手続きを決定する。たとえば，どのくらいの頻度で観察するか，どのくらいの時間行うかである。
- 観察者のバイアスや信頼性を考慮しなければならない。観察者は複数，2人以上がよいだろう。
- 囲いの図面や動物の記述など観察者によるその他の記述も行う。

倫理的配慮
- 動物園の管理者とプロジェクトについて議論し，彼らからインフォームド・コンセントを得るべきである。
- あなたの観察が動物や見学者に与えるかもしれない影響について考慮すべきである。

実験の統制
- 2人以上の観察者と実施できるなら，観察者間の一致をとること。
- 観察を記録するシステマティックなやり方。
- 行動のサンプリングをするシステマティックなやり方。
- 標準化された条件。

実験材料
・エソグラム，紙と鉛筆。
・ストップウォッチ。
・カメラ（オプション）。

データ分析
・記述統計：平均，明確なタイトルのついた表や図で特定の行動の頻度を示す。それぞれのセッションの過程における活動の変化を示すために，散布図を使ってもよい。
・対応のある差の検定。ひとつの動物の複数日にわたるデータを用い，セッションの開始と終了時の活動水準を比較する。
・対応のない差の検定。異なる動物の行動を比較する。

レポートの書き方

　レポートは読みやすくなければならない。かつ，詳細でなければならないが，しかし長すぎてもいけない。大学では，表や付表を含めておよそ1500語〜2000語（800字5〜6枚）のレポートが求められることが多い。（それぞれの大学で何が期待されているかチェックしておいたほうがよい）。ある種の質的研究の場合を除き，心理学の専門誌に掲載されている論文に準じて小見出しをつけ，段落に区切るようにする。

要旨（要約）　ABSTRACT（SUMMARY）

　およそ150語（400〜600字程度）とする。ここでは，読み手が研究の要点，つまり目的，方法，結果と結論を把握できるようにする。これは最後に書くようにする。レポートの実際の内容をきちんと反映するためである。

イントロダクション　INTRODUCTION

　およそ400語（約1000字）。ここでは，先行研究を概観する。エッセイを書くわけではなく，予測（仮説）の背景を示すものでなければならない。ひとつの文で全体的なことを述べておき，それから特定の研究について記す。適切に選んで書くことが必要で，理解していなければ選べない。「考察」の部分で言及するのがふさわしい研究には，ここでは触れない。そうでないと，すでに「イントロダクション」で書いたことに再び考察で言及することになってしまう。

研究目的と仮説　RESEARCH AIMS AND HYPOTHESIS

　予測をきちんとあいまいでなく述べること。雑誌論文では，これは「イントロダクション」の最後の部分に書かれる。
　仮説は現在時制で書き，「有意」という語は入れても入れなくてもよい。たとえば，「女子は男子よりも賢い」と書いても「女子は男子よりも有意に賢い」と書いてもどちらでも構わない。研究仮説だけでなく，その仮説の背景についてもここで述べるほうがよいとする人もいる。
　雑誌論文では帰無仮説は書かない。しかし，学生のレポートではここに書いておくように求められることもある。

方法　METHOD

約400語（約1000字）。実施についての詳細を正確に記述しなければならない。そうすることによって，他の人による追試が可能となるからである。このセクションは次のように分けられる。

- 参加者：調査者（実験者）も含めて参加者の特性の詳細。サンプリングの手続き。
- 研究デザイン：実際の研究を始める前の決定事項，実験群，倫理的問題，統制，装置，実験材料など。（実際に用いた材料，たとえば，観察チェックリスト，質問紙，標準化された教示などは付表に載せるべきである。）
- 手続き：実際にどのようにしたか。

結果　RESULTS

まとめの表や図も含めた記述統計。ローデータを載せたい場合は付表にすべきであり，要約で十分である。

過剰な記述統計に走りすぎないこと。たとえば，同じデータで図をいくつも描くなどはしない。データを見て，読み手が明確な洞察を得られるような表現のしかたを選ぶこと。図には，内容をきちんと表すタイトルとラベルをつけること。必ずグラフ用紙を用いること［訳注：グラフソフトを用いる場合は，普通紙に印字してもよい。ただし，目盛りなどはきちんと記入しておくようにする］。

推測統計は見い出された結果の有意性を示すために用いる。適切な検定を用いること（付表Ⅱを参照）。計算結果は付表などに載せ，本文の中ではそれに言及するようにする。レポートのこの部分では，算出された統計結果，その有意性，仮説が支持されるのか否定されるのかについて言及しなければならない。

考察　DISCUSSION

約400語（約1000字）。まず，目的／仮説に照らして，また「イントロダクション」で概観した研究に関連して，見い出された結果の有意味性について議論する。

第二に，用いた方法の限界，修正点，結果の意味するところ（適用）について考察する。研究を発展させるアイデアやさらなる研究のためのアイデアを提案してもよい。

引用文献　REFERENCES
参考図書のリストではない。引用あるいは言及した雑誌論文と書籍のすべてをアルファベット順に並べて示す。本書で用いられている標準書式を用いる（たとえば，173-174ページを参照）(訳注)。

付表　APPENDICES
ローデータ，計算，質問紙，あるいは他の刺激材料などを載せる。個々の参加者の回答は載せない。

> 訳注　文献の書き方はAPAマニュアル，日本心理学会論文執筆投稿手引にさらに詳細に示されているので，それを参照すること。本書での文献の書き方は，日本心理学会の手引きに従った。

レポートのチェックリスト

要　旨
- [ ] 何に関する研究かをまとめたか。
- [ ] 予測を述べたか。
- [ ] 方法の要点を述べたか。
- [ ] 参加者に関する詳細や研究がどこでなされたかを書いたか。
- [ ] 何を発見したのか。結果について書くこと。
- [ ] 研究では何が重要なのか。その意味や後の研究の可能性について示唆を述べること。

イントロダクション
- [ ] 「イントロダクション」では研究されたトピックをまとめ，特定しているか（エッセイではない）。
- [ ] 関連する1, 2の研究について述べたか（3つ以上でなくてよい）。
- [ ] 「イントロダクション」は研究の目的と仮説にどのように到達したのかを説明しているか。

目的と仮説
- [ ] なぜこのトピックを研究したのか。研究の目的を書いたか。
- [ ] 対立仮説もしくは帰無仮説を明確に述べたか（帰無仮説を述べることは求められないこともある）。
- [ ] 仮説は現在時制で書かれているか。
- [ ] 仮説の説明をし，その理由を述べたか。

方　法
- [ ] 研究デザインを述べたか。
- [ ] なぜそのデザインに決定したのかを説明したか。
- [ ] 実験の場合：さまざまな条件について述べたか（関連するものについて）。
- [ ] 観察の場合：用いた方法を述べたか。たとえば行動のチェック表など。
- [ ] 独立変数（independent variable, IV）と従属変数（dependent variable, DV），あるいは共変数（co-variable）（相関研究の場合）について述べたか。
- [ ] 用いた統制条件を説明したか。なぜそれを用いたのかについても述べたか。
- [ ] 倫理的問題について言及したか。
- [ ] 関連するすべての研究者（実験者，調査者）について言及したか。

- [ ] 参加者とその母集団について述べたか。
- [ ] どのように参加者を選んだか述べたか。
- [ ] どのように参加者を条件に割り当てたかを述べたか。
- [ ] 用いたすべての装置や材料について載せたか（付表に）。
- [ ] テストや質問紙の場合にはすべての回答を載せたか（付表に）。
- [ ] 標準化された手続きを述べたか。
- [ ] 参加者に与えた標準化された教示を述べたか，あるいは載せたか（付表に）。
- [ ] 他者が研究を追試するのに十分な情報を書いたか。

結　果
- [ ] 結果のまとめの表に番号をふり，タイトルをつけたか。
- [ ] 結果を図で示したものを載せたか。
- [ ] 図のすべての軸，データ表の欄にラベルをつけ，明確なタイトルをつけたか。
- [ ] 用いた統計的検定の選択を明確化したか。
- [ ] 付表に計算結果を載せたか。
- [ ] 結論の記述には次のものを含んでいるか。有意水準，棄却域値と観測値，自由度，仮説が片側か両側かなど。
- [ ] 当初の仮説に関する結論を述べたか。

考　察
- [ ] 仮説に関して結果が何を意味するかを述べたか。
- [ ] そうした結果をどのように得たのか説明したか。
- [ ] 結果を他の研究と比較したか。
- [ ] 研究計画や方法について何が悪かったか（よかったか）。
- [ ] 詳細な説明／理由づけの上に立って十分な検討がなされているか。
- [ ] 再度行うとしたら研究をどのように改善するか。
- [ ] 追試研究のためのアイデアを述べているか。
- [ ] 得られた結果は実生活の状況に適用できるか。
- [ ] 考察は簡潔か（500語＝1300字以下であること）。

引用文献
- [ ] 言及した文献のすべて（そしてそれのみ）を載せているか。
- [ ] 文献掲載の正しい書式に従っているか。

付　表
- [ ] はっきりとラベルづけされ，きちんと配列されているか。

レポートのスタイル
- [ ] スペルをチェックしたか（誤字脱字のチェックをしたか）。

レポートのチェックリスト

- [ ] レポートはきちんと綴じられていて読みやすくなっているか。
- [ ] 2000語より短いか。そうでなければ短くしなさい（800字×5〜6枚以内か。これより長かったら短くせよ）。

学生のレポート見本

２つのタイプの記憶再生，イメージ化とリハーサルの比較検討実験

研究の概要

　本研究は記憶に関するものである。２つの異なるタイプの再生（イメージ化とリハーサル）について調べる。実験は24人の学部学生であり，任意のサンプルである。年齢は18歳から26歳であった。20の単語対のリストが読み上げられ，参加者はこれを覚えた。10対はイメージを使って覚え，10対はリハーサルを用いた。実験の終わりに参加者はペアの一方の語を与えられ，他の語を書くように求められた。
　t 検定が実験結果に適用された。t 値は5.1であった。この値は，実験結果が有意であり，リハーサルよりもイメージされた単語対がより多く再生されることを示した。

　［表題は，研究が何に関してなされたものかがよくわかるものでなければならないが，この例のように長すぎてはいけない。
　要旨は300字以内で大体よい。しかし，読み手が手続きについてもっとよくわかるようにもう少し詳しく書いたほうがよい。たとえば，「イメージを使って覚える」とはどういうことか。また，仮説を述べ，どのレベルで仮説が支持されるか否定されるのかについて詳しく述べ，統計的棄却域を加えてもよい。さらに，結果が意味することについて簡潔に書くのも有用だろう。
　この要約はこれから述べられる内容についてのよい見取り図となっているだろうか。］

イントロダクション

　記憶は記銘，貯蔵，検索の３つの要素をもつ。記銘は蓄えられる情報の選択のしかたで，貯蔵は情報を検索する能力にかかわり，情報をどのように思い出すかである。

　［明確でない！］

　３つの貯蔵のしかたがある。感覚記憶，短期記憶（short-term memory, STM），そして長期記憶（long-term memory, LTM）である。Atkinson & Shiffrin (1968, 1971) は，彼らの多重貯蔵モデルでSTMとLTMの違いを示した。
　短期記憶は３つの部分に分けられる。第一に容量であり，STMは６あるいは７ビットに限定される。第二に持続時間で，情報はSTMに15秒から30秒間保持されうるが，リハーサルや反復によってこれを延ばすことができる。第三は記号化で，情

報を処理し，蓄え，記憶システムによって表象するしかたである。これはSTMにおいてはたいていは（リハーサルを通しての）聴覚的なものである。視覚的なものもありうるが，聴覚的なものより時間がかかる。

　LTMの容量は無限であるが，貯蔵されているすべてを再生できるわけではない。持続時間は数分から一生にまでわたる。少なくとも2つの記号化の形態がある。ひとつは意味的記号化で，言語的意味にかかわる。もうひとつはイメージ化／視覚的記号化で，イメージや画像にかかわる。

　使用可能な検索形態はいろいろある。たとえばそのひとつはイメージ化であり，視覚的情報を覚えるのにそれをある種のイメージと連合できる。

　Pavio（1969）は，二重記号化モデルを発展させた。彼は2つの記号化システムが記憶における情報の表現に使われていると示唆した。音声／言語的と音声／イメージ的である。これらの2つの記号化システムは一緒に結合され，一方のコードだけを情報を再生するために用いるのではなく，言語的ラベルからイメージを呼び出し，逆にイメージから言語ラベルを呼び出すことが可能である。

　Begg & Pavio（1969）は，語を「具体」と「抽象」に分類して主変数を操作し，多くの実験を行っている。「具体性」とは，語の心的イメージの引き出しやすさである。

　結果は，イメージ化による結合は具体語のほうが抽象語より速くなされることが示された。また，抽象語よりも具体語のほうがより多く再生された。このことは，具体的対象についてのイメージがすでにLTMに貯蔵されているので，さらに，参加者は2つの記号化のしかた（イメージ化と言語化）で情報を使うことができるので，これらの語を検索することが容易であったことを示している。

　Sachs（1967）の実験は二重記号化理論の証拠を提出している。参加者が文を思い出すようにいわれたときに，思い出せないことがあっても，文の意味を忘れていることはほとんどないことが示されたのである。参加者はまた，意味の変化ほどには語の変化に気づきにくかった。このことは，参加者が意味の絵画的イメージ（画像）を形成したためである。

　[このイントロダクションは長すぎる。450語を越えている（1200字以上）。どの部分を削ったらよいか。
　良い点は，先行研究を学生自身のことばで報告しようとしていることで，意味を捉えようとの努力が見られる点である。
　悪い点は，書き出しが適切でなく，関連する先行研究のみをレビューするという選択性に欠けることである。]

　Bower（1972）は，参加者がもし関連をもたない名詞のペア（たとえば，イヌと自転車）の心的イメージを形成し，2つを相互に関連させるなら（自転車に乗っているイヌ），単に語を記憶するよりも再生が良好であることを見いだした。奇妙なイメージであるほど再生がよい。

しかし，Pavio の考えを論駁する証拠もある。Pylyshyn（1973）は，見るものすべての詳細なコピーをもつのに必要な貯蔵量を考えるならば，これは現実的とは思えないと主張した。また，LTM におけるイメージは，われわれが見る外界と同じなのだろうか。

また，イメージが用いられる前に，そこにあるイメージすべてを「見て」再知覚し分析することになるから，検索が非効率であるという問題があろう。もうひとつの問題は，語から正しい画像を検索することにかかわっている。ひとつの語は多くの画像と対応する可能性がある。

Pylyshyn は別の視点を提供し，われわれは一般的記述としての画像を記憶に構成するのであり，それらは「分析されたもの」として存在するのだとした。彼は，われわれはすでに蓄えた抽象的あるいは一般的記述から画像を再構成できるとする。つまり，われわれは貯蔵された画像をもつということになる。

目　的

実験の目的は，再生の形態として，イメージを使用するほうがリハーサルを使用するよりも高い再生結果になるかどうかを明らかにすることである。

実験仮説

記憶再生実験の結果は，イメージによって再生された語のペア数が有意にリハーサルによるそれよりも高いことを示すだろう。

帰無仮説

記憶再生実験の結果は，イメージによって再生された語のペア数とリハーサルによるそれとの間に有意な差のないことを示すだろう。

［イントロダクションの後半は実際には考察に属するものである。Pavio の理論を早々と述べて吟味するのは，それが間違っているかもしれないことを示唆するだけなら意味がない。仮説は先行研究の検討から論理的に引き出されていない。この学生は仮説を未来形で書いているがこれは望ましくない。

この部分の全体は720語の長さである（約2000字）。］

方　法

この実験は2つの再認条件からなっていた。イメージ化とリハーサルである。実験は火曜日の午後に行った。参加者はその時間に都合のよい24人の学部学生のサンプルであった。18人の女性と6人の男性で，年齢は18歳から26歳であった。

［方法の部分は分割して小見出しを用いるとよい。条件，参加者，手続き，統制，倫理的配慮，のように。］

実験は，実験者が20の単語対のリストを約10秒間隔で読み上げた。参加者はそれぞれの対を2つのやり方のいずれかを用いて覚えた。ひとつはリハーサル（単語対を4回繰り返す），もうひとつはイメージ化（2つの語が相互にかかわる心的イメージを形成する）であった。10のリハーサル対と10のイメージ化対があった。単語対を読み上げる前に参加者はリハーサルとイメージ化のどちらで記憶するかが指示された。すべての単語対が読み上げられると，参加者は止めといわれるまで99から3つおきに逆に数えていった。そしてそれぞれの単語対の最初の語をいわれて，その対の語を書くように求められた。

　用いられたデザインは繰り返しのある測定であった。すべての24人の参加者は同一の条件で，単語対のリハーサルとイメージ化の両方による記銘を行った。

　独立変数は2つの条件，イメージ化とリハーサルであった。従属変数は再生された単語対の数であった。

　順序効果は実験実施日や場所を統制し，すべての参加者に標準化された教示を読むことによって最小にされた。また，順序効果は，半分の参加者にはリハーサル条件を先にしてイメージ化を後に，残りの半分の参加者にはその逆の順序にするというように，提示順を変化させて相殺された。テスト語も順序効果を相殺された。

　明らかにすべてを統制することはできない。リハーサルを用いるべきときに，意識的にではなくイメージ化を用いていた参加者もいるかもしれない。さらに，実験当日の個々人の感情は統制できない。ある人は他の人より疲れていたかもしれない。ある人は1日ゆったり過ごしていたのにある人は一日中講義を受けていたかもしれない。これらの要因は結果に影響しているだろう。

　［最後の段落は考察に属するものである。この問題を解決するにはどうしたらよいだろうか。

　この実験は追試可能だろうか。単語リストは付表に載せられているが，この部分にはそのことについて何も書かれていない。それぞれの条件に単語対をどのように割り当てたかについての説明がないし，単語対がどのように選ばれたかの説明もない。

　標準化された教示とはどんなものか。参加者は実験が何に関するものか知っていたか。参加者にデブリーフィングされたか。

　書き方の順序がまずい。どのようにデザインされたかの前に何がなされたかが書かれてしまっている（実験デザインの前に手続きが来ている）。

　この部分はおそらく短すぎる。350語にすぎない（約900字）。］

結　果

　実験の結果は明らかにリハーサルよりもイメージ化のほうが，多くの参加者に，より多くの語が再生されたことを示している（付表1参照）。

　［文中にそれぞれのデータセットの平均のような，データのまとめの表があるとよ

い。図によりデータの傾向がつかめるので，付表よりもここで示すとよい。]

　t 検定が結果を分析するために用いられ，有意な結果が得られた。$N=24$，棄却域値は $t=1.714$（$p<0.05$，片側検定）。観測値は5.1なので，帰無仮説を棄却し，単語対を再生する形式としてのイメージ化はリハーサルより優れると結論される（付表3参照）。

　[この学生がここで有意性を報告しているやり方を雑誌論文における書き方と比べてみるとよい（たとえば，この本の「結果」の部分などを見てみよう）。]

考　察

　実験の結果は全般に，参加者はリハーサルした単語対よりもイメージ化した単語対についてより多く再生することができた（付表1にこれを示す）。

　t 検定をしたところ，このことが結果について妥当であることが確認された（付表3参照）。棄却域値は1.714で，観察された t 値はこれよりも高かった（5.1）。このことは結果が有意であることを示している。

　[この部分は考察には適当ではない。必要なのは結果を「平易なことば」で記述することである。たとえば，「結果は，イメージ化を用いることはリハーサルに比べて再生を促進するとの見方を支持している」のように。]

　これらの結果は Pavio の二重コード理論を支持しているように思われる。なぜなら，参加者は再生の形式としてイメージ化を用いるとき，単語は彼らに（言語的に）話され，そして彼らはそれらをイメージに変換したのであるから，彼らはまた言語コード化の形式も用いているからである。そこで，彼らは2つのコーディングの形式を用い，それ故にひとつの形式だけを用いたときよりも単語対をより多く再生することができる。

　実験で使われた単語の多くは「具体」語であった（付表2参照）。われわれはすでにこれらの物についてかなり強いイメージをもっている。これは何らかのしかたで結果に影響しているだろう。

　Bower & Winzenz（1970）であれば，人は単語対（たとえば，心臓と水）の間の意味ある関係を記号化し，したがってこれはリハーサルやイメージ化とは別の再認を助ける要因であろうと主張するだろう。

　実験の限界のひとつは，わずかではあるが結果を見ると仮説や全体的結果とは反対の回答があることである。たとえば，参加者1はイメージ化が7点でリハーサルが9点であった。リハーサルで高い得点だった（6点以上）参加者はわずかにすぎないが，日本人学生と思われる。この点についての疑問が残る。言語の違いのせいだろうか。あるいは彼らがあらかじめ教えられていたやり方の違いだろうか。明らかにする可能な方法は参加者の第一言語で実験を行い，このパターンが再度生ずる

かどうかをみることであろう。研究は異なる文化に広げることができ，ジェンダー間での比較もできるだろう。

[学生たちはいかなる実際的基礎づけもなく性差の可能性を導く傾向がある。この考察の他の点はよい。ただし，レポートとして評価されるためには，もう少し洗練させる余地がある。]

　結果に関する別の問題は，多くの学生がリハーサル条件で単語を単に繰り返すよう求められたとき，ときに心的イメージを作らないようにするのが難しかったと述べている事実である。このことは最初の10語をリハーサルとし，最後の10語をイメージ化とすることによって解決できるだろう。あるいは，2つの独立した群を用い，一方はイメージのみ，他方はリハーサルのみをテストすることによって解決できるだろう。[訳注：この実験では，同一の参加者に同一の単語対を2つの方法で記憶するというやり方でなされている。この学生は，同一の参加者に異なる単語対を異なる方法で記憶するか，異なる参加者に同じ単語対をそれぞれ違った方法で記憶することによってこの問題が回避できるのではないかと指摘しているようだ。ただし，ここでは説明が足りないように思う。]

　結果の示すところは，記憶はイメージ化を用いることによって大いに促進されうることである。このことは生活の多くの課題に適用できるだろう。言語を学習したり，買い物リストを覚える必要があるときなどに使えるだろう。試験のために復習するときにも適用できるかもしれない。

[この考察は450単語の長さである（約1000字）。これは適切だがレポートの他の部分に比べるとやや短い。すべての重要な事柄は一応含まれている。他の研究への言及，方法の批判的評価，さらなる研究のアイデア，実生活への適用，など。]

引用文献

Atkinson, R., Smith, E., Bem, D.B., & Hilgard, E. 1990 *Introduction to psychology*. London: HBJ.

Coolican, H. 1994 *Research methods and statistics in psychology*, 2nd edn. London: Hodder & Stoughton.

Open University 1981 Imagery and memory, from DS202 *Summer School Project Booklet*.

[これは参考図書であって引用文献リストではない。実際に言及された文献が欠けている。たとえば，Pavio, A. 1969 Mental imagery in associative learning and memory. *Psychological Review*, **76**, 241-263.
　本文中で引用したすべての文献をこの引用文献のところに載せなければならない。]

付表1

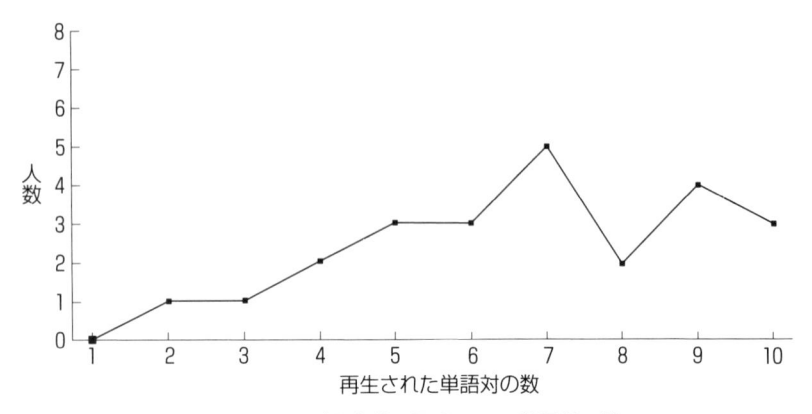

図1　イメージ化条件で再生された単語対の数

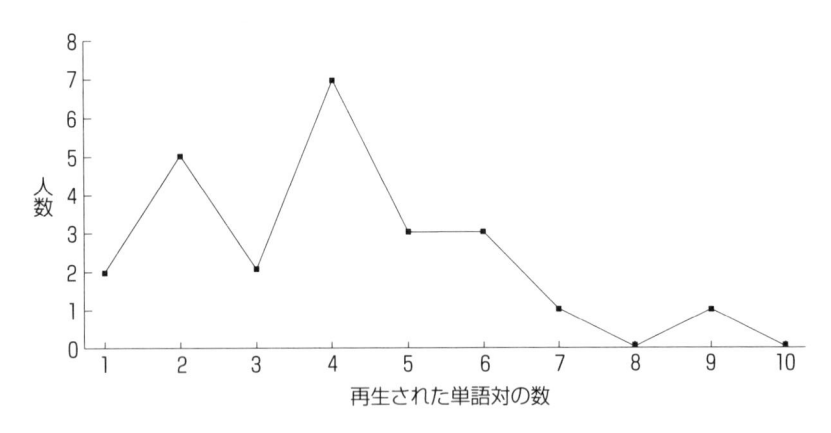

図2　リハーサル条件で再生された単語対の数

付表 2
再生方法としてのイメージ化とリハーサル（繰り返し）を調べる実験で用いられた記憶方法と単語対

記憶方法	単語対	記憶方法	単語対
繰り返し	ウサギ - 家	繰り返し	先生 - プディング
繰り返し	少年 - 縄	イメージ	ラバ - ドレス
イメージ	靴 - 山	繰り返し	ヤカン - キツネ
繰り返し	テーブル - どくろ	イメージ	ヘビ - 火
イメージ	医者 - 旗	繰り返し	木 - 女王
イメージ	本 - サカナ	イメージ	花 - お金
繰り返し	奴隷 - パーティ	イメージ	ハーブ - ゾウ
イメージ	ランプ - トリ	繰り返し	クマ - ろうそく
イメージ	心臓 - 水	繰り返し	時計 - 月
繰り返し	はしご - 赤ちゃん	イメージ	ウマ - じゃがいも

付表 3
t 検定の結果を示す表

n	df	t	棄却閾値	p
24	23	5.1	1.714	<0.05

[いくつかさらに詳細なデータをここに載せるべきである。ローデータのまとめ，t 値の計算，仮説が支持されるか棄却されるかについてのコメント，など。]

訳注　レポートの書き方については，次の本も参考になるだろう。
　　　フィンドレイ, B. 細江達郎・細越久美子(訳)　1996　心理学実験・研究レポートの書き方：学生のための初歩から卒論まで　北大路書房

付録I　単語リスト*

＊訳者補遺
　ここに含まれている5種類の単語リストのうち，「ソーンダイク-ロージの単語頻度」「好感度の高い単語と低い単語」「使用頻度の高い単語と低い単語」の語は，あえて日本語に訳さず英語の単語をそのまま載せた。単語の出現頻度や好感度は各言語体系や文化，時代等によって異なり，英語圏で調査された英語単語を日本語にしてもあまり意味がないと考えられるからである。
　日本語の単語を実験刺激や調査項目として使用する場合には，それぞれの研究目的や研究参加者等にあわせて，刺激語としての諸特性を予備調査によって検討した上で使用することが望ましい。たとえば性格特性語の好ましさを調べたければ，本調査の対象と大体等質（本調査の参加者が大学生女子であれば大学生女子というように）の参加者（約100名を目安）に，人の性格を表す形容詞を提示し（必要とする数の2～3倍を目安），各語の好ましさを5段階（好ましい・やや好ましい・どちらともいえない・やや好ましくない・好ましくない）等で評定させるとよい。評定結果を得点化（5段階評定であれば5～1）した上で各語ごとに平均値と標準偏差を算出し，これらにもとづいて本調査で使用する語を選択する。
　上記のような予備調査によらなくても，すでに種々の語特性の検討が行われた下記のような文献を参考にすることもできる。

（使用頻度）
国立国語研究所　1964　現代雑誌90種の用語用字（第3分冊）　秀英出版
野崎浩成・清水康敬　2000　新聞における漢字頻度特性の分析とNIEのための漢字学習表の開発　日本教育工学雑誌, **24**, 121-132.

（望ましさ）
青木孝悦　1971　性格表現用語の心理－辞典的研究：455語の選択，分類および望ましさの評定　心理学研究, **42**, 1-13.

（言語刺激総覧）
荒木紀幸・梅本尭夫　1984　わが国における言語材料総覧　兵庫教育大学研究紀要, **3**, 59-96.

　なおキャッテルの16PFテストは，以下の日本版が出版されている。

伊沢秀而・山口薫・Tatsuoka, M.M.・茂木茂八・内山武治・上野一彦　1982　16PF人格検査手引　日本文化科学社

付録 I 単語リスト

単語頻度表（ソーンダイク・ロージ単語リストによる）

数字は，100万語あたりの出現頻度数。

3	algebra, daffodil, deduction, distraction, galaxy, greed, heredity, hindrance, hostage, immunity, inducement, insolence, keg, labyrinth, locker, mileage, molecule, outsider, pollution, retailer, scorpion, shotgun, stagecoach, sunburn, supplication, truce
4	avalanche, cleanness, courtship, dreamer, ensemble, exclusion, fantasy, festivity, flask, frequency, honeycomb, hypothesis, impact, imgratitude, irony, mastery, pact, passageway, performer, recital, ritual, suppression, vocation
5	adversity, bandit, equity, gaiety, graduation, heroism, multiplication, nightfall, piston, poster, profile, stub, underworld, vacuum, venom, vigilance
6	alligator, belongings, blister, chasm, leopard, mammal, pelt, phantom, photograph
7	abdomen, anecdote, appliance, athletics, caravan, core, episode, epistle, exertion, firmament, garret, goblet, gore, hurricane, leaflet, lemonade, lobster, magnitude, opium, perception, periodical, prestige, rheumatism, satire
8	ambulance, bacteria, basement, bouquet, bungalow, crag, creator, deceit, demon, essence, glacier, infection, instructor, mathematics, mosquito, outcome, reptile, spinach, utensil, velocity, violation, whale
9	bravery, chaos, combustion, corpse, daybreak, discretion, edifice, exhaustion, friction, microscope, nun, ownership, revolver, robbery
10	illusion, malice, orchestra, promotion
11	refrigerator, sadness, spire
12	hostility, madness, proprietor, saloon
13	hearing, nymph, skunk, umbrella, vehicle
14	brute, gravity, sultan, tempest, volcano
15	alcohol, obedience
16	abode, cigar
17	comedy, jealousy, pudding, reminder, trumpet
18	musician
19	amazement, blacksmith, bronze, builder, cane, caterpillar, contribution, crisis, decoration, determination, dove, edition, emergency, fatigue, fireplace, formation, hardship, jelly, landscape, loyalty, mantle, nonsense, nursery, panic, portrait, session, socialist, strawberry, tank, thicket, vigour

20	admiral, array, charter, co-operation, decree, democracy, errand, fowl, harp, hatred, hillside, ink, machanical, mischief, monarch, monk, pitcher, quest, settler, sensation, singer, slipper, toast, vanity
21	ambassador, ankle, captive, circuit, code, cradle, devotion, dirt, discipline, economy, entertainment, fabric, foam, institute, menace, moisture, reaction, sulphur, vest
22	anxiety, assault, attribute, bullet, butcher, butterfly, disposition, goddess, gratitude, ignorance, infant, jail, lark, moss, nephew, permission, reflection, research, revolt, spray, tomb, tribute
23	banner, boss, claw, disaster, drama, facility, headquarters, hound, oats, investigation, legislation, restaurant, sovereign, truck, warmth
24	agony, engagement, gem, injury, intimate, link, miracle, poverty, sunset, tablespoon, thorn
25	background, ceremony, comparison, costume, daylight, fox, frog, oxygen, painter, sickness, speaker, welfare
26	attendant, comrade, conquest, distinction, elbow, fisherman, geese, golf, hoof, impulse, interview, item, jury, mast, misery, piano, poetry
27	banker, baron, intelligent, kettle, lemon, lime, maker, management, mood, odor, patent, pepper, procession, robber, sauce, scarlet, tendency, tragedy, vapor
28	competition, examination, gallery, lecture, profession, rattle, salad, snake, stain, steamer, thief
29	beggar, blessing, breeze, folly, harness, hint, incident, mule, peach, prosperity, sentiment, substitute, swamp, twilight, unit
30	angle, cord, genius, inhabitant
31	agreement, explanation, fork
32	candy, cellar, ghost, joke

出典：Thorndike, E.L., & Lorge, I. 1944 *The Teacher's wordbook of 30,000 words*. New York: Teacher's College, Bureau of Publications.

反対語リスト

アッシュ（Asch, 1946）が印象形成の実験で用いた反対語リスト。

寛大	寛大でない
聡明	意地悪い
幸福	不幸
温厚	短気
ユーモアのある	ユーモアのない
社交的	社交的でない
人気がある	人気がない
信頼できる	信頼できない
大切	とるにたらない

思いやりのある	無情
器量のよい	器量のよくない
根気強い	気変わり
真剣	浅薄
節度ある	おしゃべり
愛他的	自己中心的
想像力豊か	頭がかたい
強い	弱い
正直	不正直

出典：Asch, S. 1946 Forming impressions of personality. *Journal of Abnormal and Social Psychology,* **41**, 258-290.

好感度の高い単語と低い単語

アンダーソン（Anderson, 1968）は，100人の参加者を対象に人の性格を表す555の単語について，その好感度を0（最も好ましくない）〜6（最も好ましい）の7段階で評定させた。最高点は573点で sincere，最低点は26点で liar であった。

好感度の高い単語トップ20		好感度の低い単語ボトム20	
sincere	reliable	ill-mannered	unkind
honest	warm	unfriendly	untrustworthy
understanding	kind	hostile	malicious
loyal	friendly	loud-mouthed	obnoxious
truthful	happy	selfish	untruthful
trustworthy	unselfish	narrow-minded	dishonest
intelligent	humorous	rude	cruel
dependable	responsible	conceited	mean
thoughtful	cheerful	greedy	phoney
considerate	trustful	insincere	liar

出典：Anderson, N.H. 1968 Likableness ratings of 555 personality-trait words. *Journal of Personality and Social Psychology,* **9**, 272-279. Copyright © 1968 by the American Psychological Association. Reprinted with permission.

使用頻度の高い単語と低い単語

ポストマン，ブルーナーとマクギニス（Postman, Bruner, & McGinnies, 1948, *Journal of Abnormal and Social Psychology*）は，関心度の高い価値カテゴリーを表わす単語は，それほど関心度の高くない価値カテゴリーを表わす単語よりすばやく認識されることを見いだした。しかし，単語の使用頻度が視覚呈示時間閾と負の関係にあることが知られている。そこでソロモンとハウズ（Solomon, & Howes, 1951）は，ソーンダイク‐ロージ単語頻度表を用いて単語の出現頻度をコントロールした上で，この研究を追試した。

価値カテゴリー	理論的	経済的	政治的	美的	宗教的	社会的
頻度高	scientific physics intellectual knowledge education	automobile market savings economics earthly	liberties lawyer debating initiative government	poetry picture painter orchestra literary	churches heavenly spiritual reverence religious	hospitality friendly service charitable sympathy
頻度低	inductive statics percipience erudition pedagogue	limousine broker frugality assets mundane	uncoerced barrister rebuttal assiduous judiciary	elegies vignette etcher ensemble metaphor	chancels celestial psychical beatific theistic	conviviality amicable benign altruistic condolence

出典：Solomon, R.L., & Howes, D.H. 1951 Word frequency, personal values, and visual duration thresholds. *Psychological Review*, **58**, 256-270.

付録 I 単語リスト

キャッテルの16のパーソナリティ因子

以下の対をなす性格語は,キャッテルのパーソナリティテスト(16PF テスト)で測定される16のパーソナリティ因子を表わしている。

A	打ち解けない	打ち解ける
B	具体的思考者	抽象的思考者
C	情緒不安定	情緒安定
E	服従的	主張的
F	慎重	軽率
G	責任感が弱い	責任感が強い
H	物おじする	物おじしない
I	精神的に強い	精神的に弱い
L	信じやすい	疑り深い
M	現実的	空想的
N	率直	如才ない
O	自信がある	自信がない
Q_1	保守的	革新的
Q_2	集団依存的	自立的
Q_3	放縦的	自制的
Q_4	リラックス	緊張

各単語対の説明

A−	冷たい,超然とした,よそよそしい	A+	のんき,協調的,社交的
B−	実用的関心	B+	知的関心
C−	情緒的不安定,動揺しやすい	C+	現実直視,冷静,おとな
E−	温厚,御しやすい	E+	支配的,攻撃的,競争的
F−	用心深い,まじめ,無口	F+	衝動的,熱狂的
G−	ルール破り,無責任	G+	忍耐強い,道徳的,厳格
H−	控え目,臆病,おどおどした	H+	大胆,遠慮のない,のびのびした
I−	自力主義,現実的,実用主義	I+	おとなしい,過保護,神経質
L−	順応的,ねたみのない,協調的	L+	うぬぼれ,だましにくい
M−	用意周到,慣習的,実務的	M+	内的世界に夢中,現実に無頓着,ボヘミアン
N−	飾らない,純粋,気どりのない	N+	打算的,世慣れた,見通しのきく
O−	確信した,自己満足した	O+	自責的,心配性,苦労性
Q_1−	既成観念の尊重,因習を容認	Q_1+	自由主義,分析的,因習に囚われない考え方
Q_2−	集団好き,よい部下	Q_2+	自己決断を優先,才能のある
Q_3−	衝動的,ルールに無頓着	Q_3+	几帳面,生真面目,社会性
Q_4−	平静,落ち着いた	Q_4+	欲求不満,興奮的,張りつめた

付録II 統計の技法

「統計 Statistic」ということばにはいくつかの意味がある。
(1) 事実やデータを表す数値のこと（統計量）
(2) データを収集し，分類し，分析すること（一般的なデータ処理の手続き）
(3) 研究者がデータからある結論を引き出すために用いる手続きや数式のこと（統計的推測）

統計には2つの種類がある。
(1) 記述統計：数値（平均値，最頻値，範囲，標準偏差など），分布（正規分布など），図（棒グラフや散布図など）のようなデータを記述する方法。
(2) 推測統計：仮説を検定する手続き。確率論の数学に基づいて，標本データから母集団に関する一般化や推測を行う。

推測統計はさらにいくつかに分類される。
(1) パラメトリック検定とノンパラメトリック検定の区別。
(2) 差の検定と相関関係の検定の区別。

1．パラメトリック検定とノンパラメトリック検定

ノンパラメトリック検定は数学的前提が少なく，データの満たすべき要件も少ない。パラメトリック検定は検定力が高い（差を検出する力が強い）が以下の前提を満たす必要がある。
(1) データが間隔尺度か比率尺度のレベルであること。
(2) 条件間で分散がほぼ等しいこと（F 検定で確かめる）。
(3) 母集団が特定の分布をしていると仮定できること。

ノンパラメトリック検定はこれらの前提を必要とせず，ほとんどのデータに適用可能だが，パラメトリック検定よりも差を検出する力が弱い。しかし，ほとんどのパラメトリック検定はこれらの前提に対して「頑健」，つまり前提条件からかなり逸脱しても妥当性が保たれるとされている。

2．2つの標本の間の差の検定

男性のデータと女性のデータというようにデータの標本が2つあるときに，その2つが有意に異なるかを知る必要が生ずる。パラメトリック検定では平均値と分散

付録Ⅱ　統計の技法

を比較することで検定する。ノンパラメトリック検定では差の順位などが比較される。

注意するポイントは，
(1) 2つの標本は関連しているか。男女の比較ならばそれぞれの標本には異なる参加者が含まれているので関連していない（独立である）。同じ集団を2つの条件で測定したような場合には，それぞれの標本には同一の参加者が含まれているので関連している。
(2) データはパラメトリックか。上記の3つの前提を満たしているかどうか。

データの種類	標本 関連あり	標本 関連なし	パラメトリックかどうか
名義尺度	符号検定（x）	χ^2検定（χ^2）	×
順序尺度	ウィルコクスンの検定（T）	マン・ホイットニーの検定（U）	×
間隔尺度	関連のある場合のt検定（t）	独立の場合のt検定（t）	○

3．2つ以上の標本間の差の検定（分散分析）

分散分析（Analysis of Variance, ANOVA）は2つ以上のデータのセットを比較して変動（差）の要因を決定することができる。たとえば，2つの参加者群それぞれに実験条件A，Bを実施する。この場合の平均値の変動の要因としては以下がある。
(1) 参加者（各群内での参加者の個人差。できるだけ少ないことが望ましい）。
(2) 実験条件（条件によって生じた差。大きいことが望ましい）。
(3) 参加者と実験条件の間の交互作用（交互作用効果）。
(4) 残った変動（誤差）。

	標本 相関あり	標本 相関なし	混合型
ノンパラメトリック	フリードマンの検定 ペイジの傾向検定	クラスカル・ウォリスの検定 ヨンクヒールの傾向検定	
パラメトリック	一元配置繰り返し分散分析	一元配置独立分散分析	
パラメトリック（複数の独立変数）	多元配置繰り返し分散分析	多元配置独立分散分析	混合型分散分析

一元配置分散分析：ひとつの独立変数を2つ以上の水準で操作した場合（水準が2つの場合はt検定と同一）。
二元配置あるいは多元配置分散分析：複数の独立変数を操作した場合。それぞれ

の独立変数を要因と呼ぶ。それぞれの要因における各条件を水準と呼ぶ。従属変数は連続変量でなくてはならない。

最終的に計算されるのは，以下のそれぞれに対応する「F 比」と自由度である。
(1) 単純効果：t 検定や一元配置の場合と同じ。
(2) 主効果：ひとつの独立変数が全体として一貫して有意な効果を示すこと。
(3) 交互作用：多元配置の場合のみに計算される。ある独立変数が別の独立変数と相互作用を示すこと。たとえば年齢（子どもとおとな）と性別（男女）が独立変数であるとき，年齢の違いの効果が男性にのみ見られたような場合に年齢と性別の交互作用が生じたという。

例として，車を運転する能力（従属変数）に及ぼす年齢と運転経験（独立変数）の効果を調べる場合を考えてみよう。分析結果はたとえば以下のようになる。
(1) 主効果：年齢が運転能力に影響している。
(2) 交互作用：年齢と運転経験が相互作用し，それが運転能力に影響している。たとえば，若年群では運転経験の効果はないが，老年群では運転経験の長いほうが運転能力が高い，など。

データ分析の際には F 比を計算して，以下のような形式で報告する。
$F(x_1, y) = \quad , \quad F(x_2, y) = \quad ,$
ただし $x_1 =$ 第1独立変数（年齢）の自由度
$x_2 =$ 第2独立変数（運転経験）の自由度
$y =$ 誤差要因の自由度

4．相関の検定

相関関係の分析には以下を用いる。
(1) パラメトリックなデータにはピアソンの r。
(2) ノンパラメトリックなデータにはスピアマンの rho。
(3) 頻度のデータには χ^2 検定。

5．ひとつの標本の検定

(1) t 検定：ひとつの標本の平均値を，すでにわかっている，あるいは理論的な母集団の平均値と比較する。たとえば「データの平均値はゼロと有意に異なるか」などを確かめる場合。
(2) 比率検定（z）：ひとつの標本のなかのあるデータの頻度をすでにわかっている，あるいは理論的な母集団での頻度と比較する。
(3) χ^2 による適合性の検定：ある分布が理論的に予測される分布に従っているかどうかを検定する。

(注1) この F 比あるいは F 検定は，パラメトリック検定の前提を確かめるための2つの標本の分散が同じかどうかを検定するために用いられたものと同一である。分散分析でも F 比は2つの分散の比であるが，実験条件の効果による分散を誤差分散で割ったものとなる。

訳者あとがき

　本書は，Flanagan, C. 1998 *Practicals for psychology: A student workbook*. London: Routledge の翻訳である。

　著者カーラ・フラナガンは英国 AEB（Associated Examining Board）に所属し，心理学の A レベル試験を統括する研究員である。AEB は，英国における中等教育修了資格試験（GCSE）および大学入学統一試験（A レベル）の作成・実施・検討等を担う研究機関であるが，2000年からは同様の機関である NEAB （Northern Examinations and Assessment Board）と統合し，AQA（Assessment and Qualifications Alliance）となっている。フラナガンは A レベルや GCSE のための心理学の教科書を著している他，*Applying psychology to early childhood development*（1996）の著者であり，またラウトレッジ社から出版されている *Routledge Modular Psychology* シリーズの編者の一人でもある。

　本書は全部で20の実習課題（ワークと訳した）を中心に，学部レベルの学生が心理学を実践的に学んでいくことができるよう編まれている。各ワークは，教師にすべてお膳立てされるのではなく学習者自身が自分で実習内容を選び工夫していくことができるよう，必要な情報がバランスよく配置されている。20のワークは，認知心理学・発達心理学・社会心理学を中心とする心理学の幅広い分野から選ばれており，いずれも特別な設備や装置がなくても実施できる内容になっている。いずれのワークにおいても，まずそのテーマについての手短かな研究史の説明とともに，お手本あるいは参考にする具体的な研究例（キースタディ）について，目的・方法・結果・考察等の概要が紹介される。次にこのキースタディについて検討すべき問題点のリストが問いの形で示され，この問いに学習者自身が答えを探しつつ，自分の研究計画を作成し実施できるようになっている。そのために必要な参考文献のリストや，文献を探すためのキーワード等もあり，またレポートを作成する際の注意点やデータ分析の簡単な解説も添えられており，心理学を学ぶにあたってきわめて実践的なガイドブックとなっている。

　心理学はひとの心を問う学問分野であるが，心の働きや仕組みについて自分のあたまの中で理論的に考えるだけではなく，実験や調査・観察等によって広い意味でのデータを収集し，それらと照らし合わせながら考えたことを確かめ

ていくという実証科学的な特徴を強くもっている。心理学は，書物や講義を通してだけではなく，そこで学んだことや疑問に感じたことを，自分で実際にデータを取り，確かめつつ学ぶことでいっそういきいきと学習を進めることができる。したがって心理学の専攻課程では，そのような研究方法を学ぶための科目が「心理学研究法」や「実験演習」などの名称で開講されていることが多い。本書はそのような科目やゼミ等のテキストとしてきわめて有用なものであろうし，必ずしも心理学専攻ではない読者にとっても心理学の学びの醍醐味を味わうことができる内容であるように思われる。

　実は本書の翻訳は，たまたま訳者らの勤務校において「心理学研究法」の改革作業を進めつつあった時期に重なっていた。「研究法」の実施にあたっては，つねに「型」の習得と学生の「自主性・工夫」のバランスをとることに心を砕くことになるのであるが，本書の構成は訳者らの作業にもおおいに参考になった。学生のみならず，心理学の教育にあたる教員にとってもきわめて示唆に富む内容であろう。

　なおごく一部ではあるが，原著の記述にわずかに不明瞭な部分があり，原論文等も確認の上，訳文の内容を修正した箇所がある。もちろんこれは原著の価値を低めるものではないし，訳文になお不明瞭な部分があるならば，それらは訳者らの責に帰するものであることは言うまでもない。

　本書によって，心理学を学ぶ楽しさを少しでも味わってくだされば訳者らとしては望外の幸せである。

　最後になったが，本書の翻訳を勧めてくださり，はじめからおわりまで大変お世話になった新曜社の塩浦暲さんに篤くお礼を申し上げたい。

　　　2001年9月

　　　　　　　　　　　　　　　　　　　　　　　　　　　　　　訳者ら

索　引

▶あ行

ISN（ニカラグア・サイン・イディオム）　47
IQ　100
アイゼンク（Eysenck, H.J.）　107
愛他心　131
あいまいさ　61
アタヌッチ（Attaanucci, J.）　91-96
アランペイ（Alampay, D.A.）　55
アルファバイアス　97
アンドロセントリックな研究　97

ESP（超感覚的知覚）　168
威厳のある養育スタイル　73, 79, 84
依存　1, 8
逸脱行為　135
意味記憶　19, 24
因果性の錯覚　169
印象形成　134, 140
イントロダクション　190
引用文献　192

ヴィーチ（Veitch, R.）　126
ウェルズ（Wells, W.D.）　162, 164
ウォルスター（Walster, E.）　144, 149

映像資料　109
SRG（主観的ランダム生成）　169
エソグラム　179
エピソード記憶　19, 24
LSN（ニカラグア手話）　47
LAD（言語獲得装置）　46, 52
援助行動　126, 129, 131

親の権威に関する質問紙（PAQ）　74, 82

▶か行

χ^2検定　212

外的妥当性　v
仮説　190
家族内葛藤　8
家族の大きさ（家族サイズ）　100, 101, 106
カッツ（Katz, D.）　164
カニングハム（Cunningham, M.R.）　127, 129, 130
構え　55, 61
間隔尺度　210, 211
感覚情報の変換　61
干渉　43
緩衝課題　34
寛容な養育スタイル　73, 79, 84

気圧　131
キーク（Kueck, I.）　14
記憶　19
　——へのアクセス　41
気温　131
利き手　16
記述統計　210
帰属　149
　——のバイアス　143, 149
　——判断　139
　——理論　143
　基本的——バイアス　143
気分　126
逆向性　43
逆向抑制　36
ギャンブラーの誤謬　169, 174
ギャンブル行動　1
共行動　118
　——効果　119, 123
協同　131
虚偽尺度　87
ギリガン（Gilligan, C.）　90-96, 148

グドール（Van Lawick-Goodall, J.）　185
クーパースミス（Coopersmith, S.）　74
クマ　187
クラブ（Crabb, P.B.）　65, 67, 69
繰り返しの回避　169
グリフィス（Griffith, M.D.）　2
グリフィット（Griffitt, W.）　126

系統的疲労効果　162, 164
係留語　136
ケーススタディ　1, 9
結果　191
権威主義的な養育スタイル　73, 79, 84
研究者効果　179
研究目的　190
言語獲得　52
　　——装置（LAD）　46
言語的知能　102

行為者 - 観察者バイアス　143
後慣習的段階　90
好感度の高い単語と低い単語（アンダーソン）　207
広告　161,
交互作用　212
考察　191
公正　89, 90
　　——の志向　97
公正世界仮説　144
コーエン（Cohen, N.J.）　19
コーディング・システム　111, 114
コールバーグ（Kohlberg, L.）　89, 90, 94
語形規則　47, 48, 52
古典的条件づけ　152, 157
コホート　101
コマーシャル　115
痕跡依存型（の）忘却　37

▶さ行

ザイアンズ（Zajonc, R.B.）　105, 118, 119, 122
サイ現象　168, 174

再生　24
サッカー　19, 20, 24
サロウェイ（Sulloway, F.）　101
参加者（参加対象）の反応性　179, 187

シアーズ（Sears, R.R.）　74
シーポラ（Siipola, E.M.）　56, 60
ジェンダー
　　——ステレオタイプ　70
　　——のバイアス　89, 94, 97
　　——の発達　70
　　——の標識　65
　　——バイアス　70
自己概念の発達　140
自己 - 関心　90
自己 - 犠牲　90
自然観察　179, 187
自然（の行った）実験　51, 53
自尊心　73, 79
　　——の質問紙　85, 88
実験者効果　179
質的研究　1
湿度　131
自動車　165
児童書　70
嗜癖　1, 8
視野　16
社会階層　106
社会的促進　118, 123
社会的手抜き　119
社会的比較　123
社会的表象　65, 70
社会的抑制　118, 123
集合モデル　105, 106
従属変数　v, 212
16PFテスト（キャッテル）　209
主観的確率　169
主観的ランダム生成（SRG）　169, 174
主効果　212
シュターツ（Staats, A.W.）　152
シュターツ（Staats, C.K.）　152
出生順位　100, 106

索　引

シュミット（Schmitt, B.）　119, 121, 122
シュメードラー（Schmeidler, G.R.）　168
手話　46
馴化　184
順向性　43
順向抑制　36
準実験　15, 17, 130, 132
順序位置効果　106
順序尺度　211
証言　27
条件刺激　153
使用頻度の高い単語と低い単語（ポストマンら）　208
剰余変数　v
ジョーダン（Jordan, R.H.）　180, 185
人工物　70
身体的魅力　134
心理学的依存　1

水準　212
推測統計　210
スキーマ　19, 24
スキナー（Skinner, B.F.）　46
スクワイア（Squire, L.R.）　19
ステレオタイプ　157, 161, 165
スナイダー（Snyder, M.）　109
スワン（Swan, W.O.）　110, 114

政見放送　116
政治広告　115
政治メッセージ　109
生態学的妥当性　v, 32, 90, 179
青年期　8
製品パーソナリティ　161, 165
生理学的依存　1
責任　149
　　──帰属　147, 148
説得的メッセージ　115
セルフ・モニタリング　109, 115
選挙活動　110
宣言的記憶　24
宣言的システム　19

選択的強化　46

相関　212
想起　24
操作チェック　137
ソーンダイク‐ロージー単語リスト　162
側性化　11, 15
ソトカ（Psotka, J.）　37, 41

▶た行

態度　115, 152, 157, 165
　　──形成　152, 157
　　──変化　115
タルヴィング（Tulving, E.）　19, 37, 41
単語頻度表（ソーンダイク‐ロージー単語リストによる）　205
単純効果　212
単純存在　118, 119
談話分析　96

チェス　20
知覚　61
　　──セット　61
　　──とストレス　33
　　──と同調　33
　　の構え　28, 33, 55
知識　19
知能テスト　100
知能の発達　106
超感覚的知覚（ESP）　168
長期記憶　19
聴衆効果　119, 123
超常現象　168
　　──への信念尺度　173, 177
超常的　174
チョムスキー（Chomsky, N.）　46, 47

対連合　24
　　──学習課題　20

DSM-Ⅳ　2
ディオン（Dion, K.K.）　134, 135, 139

t 検定 212
手がかり依存型（の）忘却 37, 43
手続き記憶 24
手続き的システム 19
テネシー自己概念尺度 74
テレビ広告 110
天候 126, 131

統計 210
　――的推測 210
　――量 210
道徳的志向性 89
道徳的ジレンマ 89
道徳的推論 97
道徳的判断 91, 148
独立変数 v, 212
トップダウン処理 28, 61
トリプレット（Triplett, N.） 118

▶な行
内集団バイアス 143
内的妥当性 v
内容分析 64, 89, 96, 98, 113
ナショナリズム 157

日常記憶 24
日照 126, 129, 131
ニューソン（Newson, E.） 100
ニューソン（Newson, J.） 100
人気 140
認知的錯覚 174

ネルソン（Nelson, T.） 12

ノンパラメトリック検定 210

▶は行
バーガード（Burghardt, G.M.） 180, 185
バーコ（Berko, J.） 47, 49, 51
陪審員 27
配慮 89, 90
　――の志向 97

バウムリンド（Baumrind, D.） 73, 74, 76
ハッカー（Hacker, K.L.） 110, 111, 114
バックホート（Buckhout, R.） 28, 29, 32
パラメトリック検定 210
ハロー効果 134, 140
バロン（Baron, R.A.） 126
反対側支配 11
反対語リスト（アッシュ） 207

ピアジェ（Piaget, J.） 89
ビーロウスキ（Bielawski, D.） 65, 67, 69
PAQ（親の権威に関する質問紙） 74, 82
非言語的知能 102
非行者／犯罪者に対する知覚 140
左利き 12, 16
ヒツジとヤギ 168, 174
ヒツジ-ヤギ効果 168
美的選好 12, 15
非難 148, 149
非暴力 90
非優勢課題 118
非優勢反応 118
評価懸念 118, 119, 123
病的ギャンブル 8
比率検定 212
比率尺度 210
比例化サンプリング 66

フェミニスト心理学 97
ブーゲルスキー（Bugelski, B.R.） 55
付表 192
ブラウン（Brown, R.） 27
ブラッガー（Brugger, P.） 169, 172, 173
ブラックモア（Blackmore, S.J.） 168
ブリ（Buri, J.R.） 74, 76, 77
フルーツマシン 1, 8
ブルーナー（Bruner, J.S.） 55
ブレイリィ（Braly, K.） 164
文化的なズレ 68
分散分析 211
文書資料 109
文法 46, 52

分離脳者　12

ベータバイアス　97
ベルモント（Belmont, L.）　101
偏見　28, 157

防衛的帰属　143, 149
忘却　36
方法　191

▶ま行
マーカス（Markus, G.）　105
マーカス（Markus, H.）　119, 122
マーケティング　161
マクドナルド（McDonald, G.）　12
マッコネル（McConnell, R.A.）　168
マロラ（Marolla, F.A.）　101

右利き　12
魅力　140
ミンターン（Minturn, A.L.）　55

無条件刺激　153

名義尺度　211

目撃者　27
　――証言　33
モノ文化　64, 70
模倣　52
モリス（Morris, P.E.）　20, 22

▶や行
優勢課題　118
優勢反応　118
誘導的質問　33

養育スタイル　73, 79, 84
要因　212
容疑者の同定　33
要旨　190
抑うつ　8

▶ら行
ラーナー（Lerner, M.J.）　144
ライオンズの手続き　92
ランスバーガー（Ransberger, V.M.）　126
ランダムさ　174

リンゲルマイン効果　119

レイ（Ley, P.）　19
レヴィ（Levy, J.）　12, 14
レーヴン・マトリックス検査　102, 107
レザース（Leathers, D.G.）　109, 110
レポート　190
　――のチェックリスト　193
連合　65

ロッカード（Lockard, J.S.）　126
ロフタス（Loftus, E.）　27, 28

訳者紹介

明田芳久（あけた よしひさ）
1973年神戸大学教育学部卒業，1980年国際基督教大学大学院教育学研究科博士課程修了。現在上智大学文学部教授（社会心理学）。
[主要著書]『社会心理学』（共著）有斐閣, 1994.『道徳性心理学』（共著）北大路書房, 1992. コールバーグ『道徳性の形成：認知発達的アプローチ』（共訳）新曜社, 1987.

荻野美佐子（おぎの みさこ）
1976年東京女子大学文理学部卒業，1984年東京大学大学院教育学研究科博士課程修了。現在上智大学文学部教授（発達心理学）。
[主要著書]『ことばの獲得』（共著）ミネルヴァ書房, 1999.『子どもに学ぶ発達心理学』（共著）樹村房, 1998.『子どもの社会的発達』（共著）東京大学出版会, 1997.

道又 爾（みちまた ちかし）
1982年茨城大学人文学部卒業，1988年カリフォルニア大学心理学部大学院博士課程修了。国際基督教大学，明治学院大学を経て，現在上智大学文学部教授（認知心理学）。
[主要著書]『現代心理学：その歴史と展望』（共著）ナカニシヤ出版, 1998.

ワークブック 心理学

初版第1刷発行 2001年9月20日 ⓒ

著 者　カーラ・フラナガン
訳 者　明田　芳久
　　　　荻野　美佐子
　　　　道又　爾
発行者　堀江　洪
発行所　株式会社 新曜社
　　　　〒101-0051 東京都千代田区神田神保町2-10
　　　　電話 (03)3264-4973(代)・FAX (03)3239-2958
　　　　e-mail info@shin-yo-sha.co.jp
　　　　URL http://www.shin-yo-sha.co.jp/

印刷　三協印刷　　　Printed in Japan
製本　イマキ製本所

ISBN4-7885-0776-5　C1011